WAS IST WAS
HUNDE
Helden auf vier Pfoten

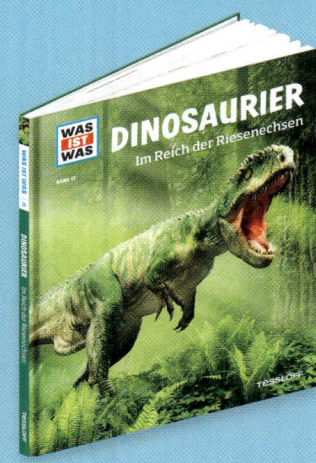

WAS IST WAS
DINOSAURIER
Im Reich der Riesenechsen

WAS IST WAS
PLANETEN
UND RAUMFAHRT
Expedition ins All

WAS IST WAS
ELEKTR...
Megavolt und Supraleiter

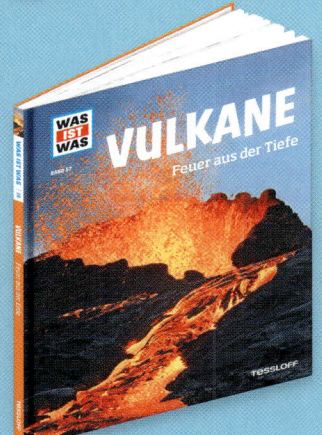

WAS IST WAS
VULKANE
Feuer aus der Tiefe

WAS IST WAS
DIE ALTEN GRIECHEN
Götter, Helden, Dichter

WAS IST WAS
NATUR
Erforschen und schützen

WAS IST WAS
DAS ALTE ÄGYPTEN
Goldenes Reich am Nil

WAS IST WAS
WÖLFE
Im Revier der grauen Jäger

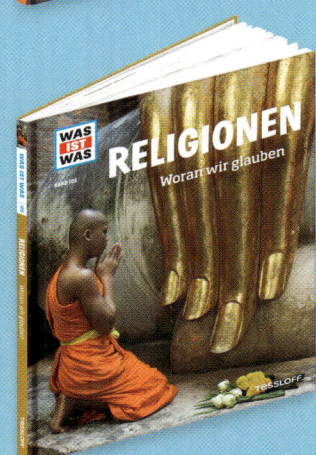

WAS IST WAS
RELIGIONEN
Woran wir glauben

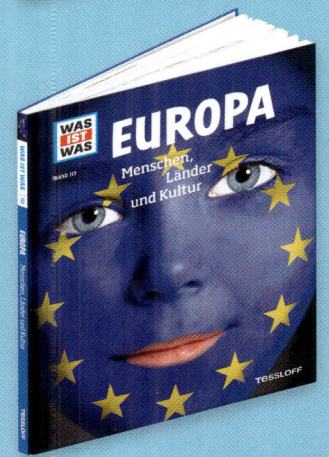

WAS IST WAS
EUROPA
Menschen, Länder und Kultur

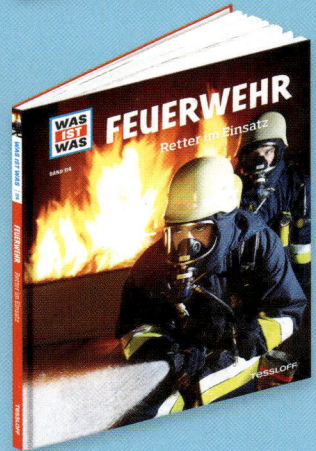

WAS IST WAS
FEUERWEHR
Retter im Einsatz

WAS IST WAS
MODE
Was uns anzieht

WAS IST WAS
GEHEIMNIS TIEFSEE
Leben in ewiger Finsternis

Die Reihe wird fortgesetzt.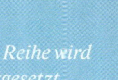

➜ 4848 Seiten Wissen!

Heute schon was Spannendes entdeckt? Tauch ein in die faszinierende Welt von WAS IST WAS …

WAS
IST
WAS

Christine Paxmann

MODE

Was uns anzieht

TESSLOFF

**Hier siehst du,
wo du bist!**

Wo ist was?

Seite
37

Die mit ▶ markierten Seiten könnten dich besonders interessieren!

Seite
28

Punkte, Streifen, Petticoats: 1950er-Jahre!

Alles erlaubt! Der Stilmix macht die Wirkung aus.

Hier findest du die wichtigsten Begriffe kurz erklärt.

Mode ist, wenn Kleidung sich verändert

Ötzi trug einen Lendenschurz aus Leder und Beinlinge aus Fell. Bast- oder Lederschnüre hielten alles fest.

Fell, Leder, Filz, Gewebe – wenn man den Ritzungen auf Tonscherben glauben darf, dann hatten bereits die Jungsteinzeitler so etwas wie einen Dresscode. So nennt man es, wenn bestimmte Kleidungsstücke von der Gruppe oder einer Gesellschaft hochgeschätzt werden. Lappen, gewickelt um Beine und Arme, Leibröcke für die Herren und Sackkleider, gegürtet für die Damen, solche Kleidung trugen unsere Vorfahren schon um 1500 vor Christus. Aus dieser Zeit stammt auch das älteste vollständig erhaltene Gewand. Die Farben sind ein wenig verblasst, aber vermutlich waren es ursprünglich Erdtöne. Echte Trendsetter, also Modegurus, waren die alten Griechen, die für viele Epochen modische Vorbilder waren.

➜ Schon gewusst?

Die ältesten Schuhe der Welt wurden in einer Höhle in Oregon (USA) gefunden. Die Sandalen wurden vor über 9 000 Jahren aus der Bastfaser des Wüsten-Beifußes hergestellt.

In der Steinzeit trug man Kleider aus Leder und benutzte Hornkämme. Trachtler und Motorradfahrer kleiden sich auch heute noch in Leder.

Warum ändert sich Mode im Laufe der Jahrhunderte?

Meistens kommen ein paar Dinge zusammen: gesellschaftliche Veränderungen, zum Beispiel Bürger, die zu Geld kamen und durch die Kleidung ihren neuen Reichtum zur Schau stellten (im 14. Jahrhundert); oder verbesserte Webstühle (im 16. Jahrhundert), wodurch Stoffe in anderer Form und in größeren Mengen gefertigt werden konnten; oder der Aufstieg des Schneiderhandwerks infolge der Erfindung der metallenen Nähnadel (14. Jahrhundert). Und natürlich die Neugier der Menschen, die bei Reisen, allerdings auch bei Kriegszügen, die Moden anderer Länder kennenlernten und auch Stoffe von dort mitbrachten, die bisher unbekannt waren, z. B. Seide aus China oder Baumwolle aus Ägypten – beides bereits in vorchristlicher Zeit Und schließlich einer der wichtigsten Gründe überhaupt: die Lust, sich zu verschönern. Mode kann aus Menschen eben »andere Menschen« machen, zumindest solange sie die Kleidung tragen. Doch fangen wir ganz von vorn an.

Unglaublich!

Der älteste Lederschuh der Welt ist 5 500 Jahre alt. Der in einer Höhle in Armenien entdeckte Schuh hat die Größe 37 und stammt etwa aus dem Jahr 3500 vor Christus. Damit ist er rund 1 000 Jahre älter als die große Pyramide von Giseh in Ägypten und einige Jahrhunderte älter als die Fußbekleidung der Gletschermumie Ötzi. Selbst die Schnürsenkel sind erhalten.

Vom Fell zum Kleid

➜ Schon gewusst?

Die Kleiderlaus wohnt – wie der Name schon verrät – ausschließlich in der Kleidung. Sie hat sich vor 170 000 Jahren aus der Kopflaus entwickelt. Für die Forscher ein Beweis dafür, dass Menschen sich mindestens ebenso lange in Kleidung gehüllt haben!

Wenn wir heute Lust auf ein neues Kleidungsstück haben, dann gehen wir ins nächste Geschäft und kaufen uns eines. Das war nicht immer so. Eigentlich ist es erst seit gut hundert Jahren möglich, Kleidungsstücke von der Stange zu kaufen. Davor wurden Kleider selbst genäht oder angefertigt, genauso wie die ersten Blätterröckchen. Leider gibt es keines dieser ersten Kleidungsstücke mehr. Forscher haben dennoch viel Wissenswertes herausgefunden – anhand von Siedlungsresten wie Knochen, Feuerstellen, Gräbern und Felszeichnungen. Demnach begann wohl unser Vorfahre, der Homo erectus, vor 600 000 Jahren, sich zu bedecken, und zwar mit Fellen und Pflanzenfasern. Und das, obwohl er damals in Afrika siedelte – also lag es vermutlich nicht am kalten Klima. Man kann aber annehmen, dass jemand, der nach erfolgreicher Jagd ein besonders hübsches Fell auf den Schultern trug, in der Sippe hochangesehen war. Ein Blätterröckchen wäre wohl weniger beeindruckend gewesen.

Schließlich gab es aber im Laufe der Jahrtausende doch noch ein paar Gründe, sich etwas überzuziehen. Zum Beispiel eine Eiszeit, die vor rund 100 000 Jahren begann. Zeitgleich setzte eine Völkerwanderung ein. Da waren Kleider absolut nützlich, denn je nördlicher die wandernden Völker kamen, desto kälter wurde es. Zur selben Zeit entwickelte sich die Kleiderlaus. Für die Wissenschaftler ist das ein deutliches Zeichen dafür, dass es Kleidung gab.

Flachs

Die herumwandernden Völker lernten neue Pflanzen kennen, z. B. Flachs, eine faserige Pflanze, aus der sich Kordeln drehen lassen. Diese wiederum konnten zu langen Zöpfen geflochten werden, die zusammengebunden wurden. Flechten ist wohl eine der ältesten Techniken, ein Gewebe herzustellen.

Grandiose Erfindungen

Nähnadel

Wie hielten die Fell-, Filz- oder Webteile am Menschen? Denn mit einer Sache ließen sich die frühen Modeschöpfer viel Zeit: mit der Nähnadel. Die trat in Form von feinen Knochen, in die Ösen gekerbt waren, erst um 3000 vor Christus auf. Diese Knochennadeln waren jedoch unhandlich und zerbrechlich. Auf die Idee mit dem Knopf war man nicht gekommen! Bis dahin wurde gewickelt, gebunden und mit Schnüren und Fibeln, also Spangen festgezurrt. Logisch, dass das auch die »Mode« beeinflusst hat. Deshalb war der Wickellook noch sehr lange in: bei den ersten Hochkulturen, den Mesopotamiern, den Ägyptern und auch bei den Griechen und Römern, ja sogar bis zum frühen Mittelalter – Tausende von Jahren. Bis sich alles änderte, als im 14. Jahrhundert die metallene Nähnadel erfunden wurde, ein geschmeidiges Werkzeug, mit dem sich fein arbeiten ließ! Damit wurde Mode zu einer Kunst für das Volk, denn mit diesen neuen Nähnadeln ließen sich feinste Stickereien und neue Muster machen.

Filz

Eine glorreiche Erfindung haben die Schafe eigentlich ganz von selbst gemacht. Frisch geschoren sind sie auf ihrem am Boden liegenden Haarkleid herumgetrampelt. Weil Schafe pieseln, wie es ihnen gefällt, haben sie fröhlich auf die Wollreste gestrullert. Pipi und Wollfett haben chemisch ähnlich reagiert wie heute Seife und Filzwolle. Durch das Trampeln haben sich die Wollfasern miteinander verhakt; das bezeichnet man heute als Walken: Der Filz war geboren, einer der wärmsten und anpassungsfähigsten Stoffe der Welt! Daraus ließen sich Kleider, Schuhe, Hüte, Mützen und Zelte machen!

Webstuhl

Um 35000 vor Christus hat es bereits die ersten Webstühle gegeben; Pflanzenfasern wurden da miteinander verwoben – wohl weniger, um Kleider daraus zu fertigen, vielmehr als Matten zum Liegen und Verschließen von Hütteneingängen. Für einen wahren modischen Durchbruch musste erst eine bestimmte Tierart bei den Menschen heimisch werden: genau – die Schafe! Um 10000 vor Christus war wohl durch Zähmung aus dem Wildschaf das Hausschaf geworden.

Spindel

6000 vor Christus kamen die ersten Spindeln auf. Offensichtlich waren die Menschen der Jungsteinzeit echte Erfindernaturen. Die lockigen Kringel, die sie den Schafen (oder auch den Hunden) mehrmals im Jahr abschnitten, mussten doch zu etwas gut sein. Mittels Spindel ließen sich die Wollfasern zu Fäden verspinnen und aus diesen konnte man mit den schon bekannten Webstühlen feine Gewebe fertigen.

Antike Mode: von Falten und Röcken

Wie weiß man denn, was die ollen Griechen und Römer trugen? Ganz einfach, sagst du jetzt vielleicht: aus den Asterix-Bänden. Das ist zwar Quatsch, aber auch nicht ganz falsch. Gerade der Zeichner von Asterix, Albert Uderzo, hat sich ziemlich viel Mühe gegeben, historisch genau zu malen. Als Vorlage dienten ihm Statuen, Vasenbilder und Beschreibungen in der Literatur, zum Beispiel Homers Ilias oder die Tagebücher des römischen Gelehrten Plinius des Älteren. Wer Latein kann, wird ganz überrascht sein über die vielen Bezeichnungen für Kleidungsstücke, denn den Römern war Mode wichtig. Allerdings waren sie echte Fashion Victims, also Modeopfer, die allem nachhechelten, was in war. Und weil die Römer immer schon so sein wollten wie die Griechen, bauten und schneiderten sie eben wie die Griechen.

Griechische Wolle

Die feinste Wolle war gerade gut genug. Schafzucht war in Griechenland weit verbreitet; also gab es Wolle in Hülle und Fülle. Durch den regen Seehandel importierten die Griechen auch Baumwolle und Seide aus Ägypten und Flachs, aus dem Leinen gewonnen wurde. Feinste Gewebe entstanden daraus, meist rechteckige Stoffbahnen. Anders als bei ihren Nachbarn, den Phöniziern, schnitten die Griechen ihre Kleidungsstücke nicht zu. Wahrscheinlich dachten sie: Viel zu schade um die kostbare Wolle, der Lappen wird im Ganzen verwendet. So geschah es. Drapieren hieß das Zauberwort. Männer und Frauen trugen lange Stoffbahnen, die sie geschickt über Schultern, Brust und Armen mit Gürteln und Schnallen festhielten. Achselbänder sorgten für den flotten Sitz. Chiton hieß dieses Verpackungskunstwerk. Frauen trugen gerne noch einen Schleier darüber. Wie wir es von Statuen kennen, waren Vollbärte bei Männern ein echtes Must, also ein Muss. Die Frauen trugen das lange Haar geknotet. Ledersandalen waren unisex, das heißt für beide Geschlechter gleich.

Voll griechisch, die Römer

Lieber gut kopiert als schlecht selber gemacht, dachten sich wohl die Römer und übernahmen flugs die in kunstvollem Faltenwurf drapierten Stoffbahnen der Griechen. Die Damen trugen eine Tunika als Unterkleid, darüber eine Stola, ein Langkleid, und darüber eine Palla, eine Art

War Weiß Modefarbe?

Weil Marmorstatuen ja selten farbig sind, könnte man meinen, die griechische und die römische Mode wäre meist weiß gewesen: Wollweiß und Schafsbeige für Tuchstoffe oder Ziegengrau für Umhänge. Aber nichts da. Von farbigen Tonscherben wissen wir, dass Griechen und Römer ganz schöne Farbfreaks waren; sie färbten Wolle mit allem, was sie in die Finger bekamen. Die Purpurschnecke lieferte den wertvollsten Rotton.

Schultertuch. Ein reich besticktes Stoffband, direkt auf die Haut gebunden, war der Vorläufer des Büstenhalters. In der Blüte des römischen Reichs, um 50 vor Christus, gürteten sich die Frauen unterhalb der Brust: Das ließ die Beine länger aussehen und der Busen kam besser zur Geltung. Wir werden diesem modischen Gag Jahrhunderte später wieder begegnen, in der Zeit des Empire.

Für die Männer gab es die Toga. Allerdings war sie dermaßen kompliziert anzuziehen, dass man einen Diener brauchte. Der legte den bis zu fünf Meter langen Lappen am Vorabend in Falten; über Nacht nahm dann das Gewebe die richtige Fältelung an. Es war so eine Art Langzeitbügeln. Am nächsten Tag wurde die Herrschaft nach einem komplizierten Plan darin eingewickelt. Praktisch war das nicht. Deshalb war das Casual Wear, also die Freizeit- oder Alltagsvariante, die Tunika, ein mal mehr, mal weniger langes Kleidchen. Gürtel drum, fertig war der römische Bürger, wie wir ihn tatsächlich aus dem Asterix kennen.

Angeberwissen

▶ Die Toga war römischen Bürgern vorbehalten. Fremde und Sklaven durften sie nicht tragen.

▶ An der Farbe der Toga konnte man den gesellschaftlichen Rang erkennen: Normale Bürger trugen eine weiße Toga, die Toga eines hohen Beamten hatte Purpurstreifen, die des Kaisers war ganz purpurfarben.

Unglaublich!

10 000 Purpurschnecken waren nötig, um die Tunika eines Herrschers zu färben.

Löckchen und Haarnetz = schicke Römerin

Mittelalter und Renaissance: vom Sack zum Zierstich

Bis ins hohe Mittelalter, also bis 1200, war die Kleidung noch sehr stark an antike Formen angelehnt. Das waren gegürtete, sackartige Kleider und Überwürfe bei den Frauen und Kurzröcke sowie eine Art Hose bei den Männern. Alles wurde mit Bändern oder mit Fibeln, also Spangen, zusammengehalten. Wer reich war, ließ sein Gewand hübsch besticken. Von einer richtigen Mode konnte man noch nicht sprechen.

Da geht euch der Knopf auf

Dann brachten die Kreuzritter von ihren Feldzügen eine winzige Sache mit, die eine ziemlich große Wirkung haben sollte: den Knopf. Im Orient wurde er mit Schlaufen zum Verschließen von Kleidern verwendet. In Europa gelang irgendeinem schlauen Schneiderlein eine geniale Erfindung: das Knopfloch. Plötzlich waren Kleidungsstücke möglich, die eng anlagen – die Taille wurde betont. Außerdem begann man, die Stoffe zuzuschneiden. Der Adel wollte sich mit besonders geschneiderten Kleidern vom normalen Volk abgrenzen. Die Mode von Mann und Frau unterschied sich dabei gar nicht so sehr. Unter einer Suckenie, einem ärmellosen Obergewand, trugen die Damen eine Cotte, ein bodenlanges Kleid, das die Schuhe verdeckte. Bei den Männern war die Cotte ein wenig kürzer; die Beine steckten in aufwendig bestickten Strümpfen.

Modefreaks im 14. Jahrhundert

Seit der Sache mit dem Knopfloch waren noch keine 100 Jahre vergangen, doch die

Eitel wie ein Pfau!
Wertvolle Federn als Kopfputz für Männer: wie im Vogelreich!

Schick
Schlitze in den Ärmeln

Praktisch
Ärmel zum Wechseln

Machte einen schlanken Fuß
Der Schnabelschuh!

Man lebte auf großem Fuß!

Auf Schuhwerk legte man großen Wert. Halbschuhe oder Stiefel aus feinstem farbigem Leder waren zwar nicht praktisch, aber hübsch. Super unpraktisch waren die im Mittelalter total angesagten Schnabelschuhe. Ihre langen Spitzen mussten teilweise am Schuh oder Knie festgebunden werden. Um über die von Unrat übersäten Straßen zu kommen, schlüpften die Menschen mitsamt ihren Schnabelschuhen in kleine Holzpantoffeln, die sogenannten Trippen.

Mode hatte sich in dieser Zeit stärker verändert als in den 1 000 Jahren zuvor. Farbige Wollstoffe und Seiden waren im 13. Jahrhundert der letzte Schrei. Vor allem in Burgund, unter König Philipp dem Guten, wurde Mode so wichtig wie nie zuvor. Zum einen lebten dort viele Kaufleute, die ihren Reichtum zeigen wollten, zum anderen lud König Philipp Künstler ein und die brachten neue Stoffe aus Italien mit: Brokat und Samt. Houppelande, Schecke, Zatteln und Schellen – nein, das sind keine Musikinstrumente, sondern die damals angesagten Klamotten der reichen Burgunder, nämlich Mantel, tailliertes Jäckchen, spitz zulaufende, farbige Stoffzacken und Glöckchen an Ärmeln und Schleppe. Dazu hatten die Jungs knallenge, bunte Beinlinge an. Die empfindlichen Stellen der Herren wurden mit einer verzierten Schamkapsel verdeckt. Die Damen trugen recht freizügig geschnittene Kleider in Rottönen, Schmuck in Hülle und Fülle und strenge Hauben. Kurzum, es ging recht bunt zu.

Luxus der Renaissance

Im 15. und 16. Jahrhundert kam aus dem streng katholischen Spanien eine gewaltige Gegenbewegung: Schwarz wurde Modefarbe. Die sogenannten Regentinnen-Kleider der Damen waren bis zum Hals geschlossen. Die Taille wurde durch ein Korsett aus Fischbeinstäben geschnürt. Die Röcke standen durch ein Drahtgestell breit ab – der Reifrock wurde erfunden. Damit wurde die zu der Zeit beliebte Dreiecksform betont. Zwischen Gesicht und der strengen Kleiderkonstruktion trug man eine riesige Halskrause aus steifem Leinen. Breit wie Wagenräder ließen sie auch wirklich kein Fitzelchen Haut herausgucken. Die Herren kleideten sich in mit Rosshaar ausgestopfte Wämser, Gänsebauch genannt, Schlumperhosen (die sehen so aus, wie sie klingen) und ebenfalls Halskrausen. Die adligen Kinder waren genauso wie ihre Eltern angezogen. Spielen konnte man in diesen »Rüstungen« nicht!

Sieht heute etwas drollig aus: die Hörnerhaube, deren Vorbild aus dem Orient kommt. Der Maler Jan van Eyck hat hier seine Gattin porträtiert.

Unglaublich!

Die Schuhe waren teilweise **20 Zentimeter** hoch, man spazierte also wie auf Stelzen. In Venedig hießen die extrem hohen Schuhe Zoccoli (»zoccolo« bedeutet Sockel). Damit kamen Menschen mit ihren teuren Roben auch durch das Hochwasser der Stadt.

Nach Grace Kelly, der späteren Fürstin von Monaco, ist die Kelly-Bag benannt.

Die Brille verändert den Typ. Unvorstellbar ohne Brille: Woody Allen (oben), cool Johnny Depp (unten).

Nur bei Königshochzeiten und Pferderennen sind solche Monsterhüte heute noch in.

Accessoires & Must-haves

Unglaublich!

Eine Birkin-Bag kostet zwischen 9 000 und 150 000 Dollar.

Mode ist häufig eine Sache der Gefühle und der Fragen: Wer trägt was? Und kann ich mit demselben Stück vielleicht auch so aussehen? Deshalb gibt es in der Mode den Begriff »Must-have«, grob übersetzt: »Das muss ich auch haben!« Häufig sind das Lieblingsstücke berühmter Menschen, zum Beispiel Taschen: Besonders begehrte werden It-Bag, also DIE Tasche genannt. Die Kelly-Bag wurde 1930 vom Haus Hermès entworfen und von der Schauspielerin Grace Kelly getragen. Die Birkin-Bag, ebenfalls von Hermès, wurde 1984 für Jane Birkin entworfen. Jedes Jahr versuchen die Modehäuser, eine It-Bag zu schaffen, die dann in begrenzter Anzahl und zu hohen Preisen gehandelt wird.

Must-haves heute

Mit Brillen kann man ähnlich angeben: Die Ray-Ban-Brille ist ein Klassiker unter den Sonnenbrillen. Die Nerd-Brille, bestehend aus einem großen dunklen Horngestell, ist seit einigen Jahren die It-Brille für Intellektuelle oder solche, die so aussehen wollen. Berühmtester Träger allerdings ist schon immer Woody Allen gewesen.

Must-haves von früher

Was uns heute Brille und Tasche sind, war den Damen früher der Muff, ein zylindrischer Schlupf zum Händewärmen. Bekannt ist er seit dem 15. Jahrhundert und war zunächst nur adligen Damen gestattet. Eines der berühmtesten Accessoires der Modegeschichte ist sicherlich der Fächer. Schon 2000 vor Christus wurde er benutzt. Aber seine Blütezeit war vom 16. bis zum 18. Jahrhundert. Kunstvolle Exemplare kamen aus China

Ein Muff machte was her!

Federboas sahen geheimnisvoll aus.

Fächer machen Wind und verbergen Geheimnisse.

Giuseppe Borsalino erfand einen Huttyp, der nach ihm benannt wurde. Der Hut wurde vor allem durch seine Träger berühmt: Politiker und Mafiabosse!

➤ **Schon gewusst?**

Noch zu haben oder schon vergeben? Die Wollkugeln des berühmten Schwarzwälder Bollenhuts verraten es – sie sind rot bei unverheirateten Frauen, schwarz bei verheirateten.

Funny Fact

Wer durfte welche Kleider tragen?

Im Mittelalter schrieb der Kaiser vor, welcher Stand was zu tragen hatte. Er bestimmte auch, wer wie viel für Kleidung ausgeben durfte. Im 17. Jahrhundert gab es europaweit Luxusbeschränkungen, zum Beispiel für Spitze. Städte hatten eigene Kleiderordnungen.

über Venedig an alle Königshöfe Europas. In Frankreich gab es ein strenges Regelwerk zur Benutzung des Fächers. Für die Damen war der Fächer ein Werkzeug zum Flirten – früher nannte man diese Kunst Koketterie. Was uns heute zum Wärmen und beim Sport dient, war früher ein Privileg für die Adelsstände: Handschuhe. Aus Seide oder Leder, bestickt, mit Perlen verziert, waren sie ein Zeichen von Reichtum. Den Handschuh auszuziehen, ihn weiterzureichen oder ihn fallen zu lassen, waren Zeichen, die ziemlich viel ausdrücken konnten. Der Ausdruck »den Fehdehandschuh hinwerfen« stammt aus dem 18. Jahrhundert und bezeichnet die Geste, jemandem die Handschuhe vor die Brust zu schlagen, um ihn zum Duell aufzufordern!

Kopfbedeckungen

Man mag es sich nicht vorstellen, aber es gab Zeiten, da ging so gut wie niemand ohne Kopfbedeckung aus dem Haus. Seit dem 12. Jahrhundert ist der Hut in allen möglichen Formen präsent. Davor trug man Schleier, Mützen oder Hauben. Die Standesunterschiede waren oft an den Kopfbedeckungen sichtbar. Auch ob jemand verheiratet war oder in Trauer.

Der Hut ist immer, modisch gesehen, eigenwillige Wege gegangen und man kann an der Hutform oft die Epoche erkennen. In den letzten 30 Jahren ist es stiller um den Hut geworden. Umso aufregender ist es, wenn fantasievolle Kreationen zu Pferderennen, wie in Ascot, getragen werden. In letzter Zeit hat der Panamahut wieder ein Comeback. Der leichte Hut aus den Blättern der Kolbenpalme ist ein Klassiker, ebenso der Borsalino, ein weicher Filzhut.

Heute angesagter Kopfschmuck: Beanie (übergroße Mütze, hängt lässig am Hinterkopf), Headpiece (aufwendiges Minigesteck, das gerne zu königlichen Hochzeiten getragen wird), oder Baseballkappen (werden gerne verkehrt herum aufgesetzt).

Barock und Rokoko: Reifröcke und Rüschen

Ein großes Ereignis hat die Mode im Barock ziemlich verändert: der Dreißigjährige Krieg (1618–1648). Bis zum Beginn des Krieges war noch die spanische Mode vorherrschend, aber nach drei Jahrzehnten Krieg hatte fast ganz Europa keine Lust mehr auf die ungemütlichen Kleidervorschriften der Spanier. Etwa zu dieser Zeit kam in Frankreich auch noch ein König an die Macht, der berühmt wurde für seinen exzentrischen, also außergewöhnlichen Stil, den alle nachahmen wollten: Ludwig XIV., der Sonnenkönig.

Prächtige Kleider, üppige Rundungen

Dieser Ludwig XIV. liebte den Luxus und mit seiner sinnenfreudigen Art traf er genau den Nerv der Zeit. Krieg und Armut wollte man vergessen, also sollte es bunt und lustig zugehen. Der großen Befreiung fielen bei den Damen als erstes Reifrock, Polster und Korsett zum Opfer. Die Männer wollten nicht länger in steifen Pluderhosen herumlaufen oder in Rheingrafenhosen, einer Art steifer Bermuda, sondern guckten sich von den Soldaten die Mode der Leibröcke ab. Diese Justaucorps reichten bis zum Knie; darunter trug der Mann von Welt Röhrenhosen. Die Damen ersetzten die ollen versteiften Röcke durch üppige Faltenröcke und kleine Hüftpölsterchen und pfiffen auf Diäten. Dick war der Hit! Das Oberteil des Kleides, das Mieder, reichte durch eine Art Brustschild, die Schneppe, bis zum Schoß. Dadurch wirkte der Oberkörper (trotz

Pfunden) sehr schmal, Rock und Ärmel dagegen aufgeplustert. Alleine anziehen konnte man solche Kleider nicht, man brauchte Diener; also war das nur eine Mode für die Reichen.

Schuhe mit hohen Absätzen trugen Frauen als auch die Männer.

Perücke

Fächer

Schneppe

Stulpen aus Spitze

Justaucorps

Culotten, schmale Bundhosen

Hermelinfutter, Samt und Seide – ein königlicher Look, wie ihn der Sonnenkönig trug.

Puder, Perücke und Pompadour

Im 18. Jahrhundert hat die höfische Mode, also die für Adel und Hofgefolge, noch einmal richtig Fahrt aufgenommen, vor allem bei der Damenmode. Die Herren trugen weiterhin den Justaucorps, dazu allerdings Kniebundhosen, weiße Kniestrümpfe und schwarze Absatzschuhe. Spitzen an den Ärmeln, die sogenannten Fechtermanschetten, und Spitzen am Hemdkragen. Bei den Damen setzte sich die Adrienne durch, ein wehendes Hauskleid, über dem ein Halbmantel, die Kontusche, oder ein Jäckchen, der Casaquin, getragen wurde. Besonders beliebt war die Watteaufalte, ein Faltenwurf am Rücken, der von dem Maler Antoine Watteau oft gemalt wurde. Alles natürlich in Seide, mit Spitzen übersät. Je künstlicher alles aussah, umso

besser: Eine weiß gepuderte Allongeperücke galt als schick, die Haut wurde gleich mitgepudert und kleine Schönheitspflästerchen, die Mouches, verdeckten lästige Pickel. Mit dem Waschen hatte man es in der Zeit nicht so: Man nahm an, dass es krank machte.

Schäferinnen und Hirten

Bürger und Bauern liefen natürlich ganz anders herum – nie waren die Unterschiede zwischen den Ständen krasser als im Rokoko. Und es gärte in der Bevölkerung. Die Könige warfen für Feste und Mode das Geld zum Fenster hinaus, während das Volk hungerte. Und nicht nur das. Der Adel machte sich auch noch lustig über die einfachen Menschen. Königin Marie Antoinette, die später auf der Guillotine einen Kopf kürzer gemacht wurde, soll gesagt haben: »... dann sollen die Menschen doch Kuchen essen, wenn kein Brot da ist.« Gleichzeitig spielte die gelangweilte höfische Gesellschaft Schäferspiele nach. Dazu trug man Röcke, die man bis zum Knöchel hochraffen konnte. Man nannte das »à la polonaise«, also auf polnische Art, setzte sich Blumenhüte auf und picknickte zwischen Schafen. Das entsprach natürlich überhaupt nicht der echten bäuerlichen Kleidung, es waren vielmehr Fantasiekostüme. Das einfache Volk bekam einen großen Hass auf die »falschen Bauern« und die angemalten Hofschranzen.

➤ Schon gewusst?

Der Begriff »Mode« tauchte erstmals im Barock auf. Die aufgebrezelten Bürger, die sich anzogen wie die Adligen, geschmückt mit Schleifen, pastellfarbenen Seidenstrümpfen, Schlapphüten und wallendem Haar, nannte man À-la-mode-Kavaliere. Böse Zungen sagten Stutzer oder Gecken zu den bunten Vögeln.

Angeberwissen

▶ »Mouches« ist das französische Wort für Fliegen, denn die Schönheitspflästerchen sahen wie kleine Fliegen aus.

▶ Es gab Mouches aus verschiedensten Materialien (Samt, Seide, Leder oder sogar Papier) und Formen (Herz, Stern oder Mondsichel).

▶ Die Stelle, an die die Mouche platziert wurde, hatte eine Bedeutung: So trug die leidenschaftliche Frau sie im Augenwinkel, die würdevolle Frau auf der Stirn.

Empire und Biedermeier:
Mode im Wohnzimmer

Schönlinge

Einige der eleganten Herren wurden richtig berühmt, man nannte sie Dandys. Der schöne Beau Brummel war einer von ihnen. Er kleidete sich mit viel Geschmack, liebte die Eleganz und prägte so einen Stil. Leider verarmte er dabei und landete im Irrenhaus.

Wieder einmal brachte ein politisches Ereignis die gesamte Modewelt durcheinander. Die Französische Revolution 1789 machte Schluss mit den großen Standesunterschieden. Die Zeit von üppigen Kleidern und buntem Treiben war vorbei. Mit Geist und Intelligenz ließ sich viel besser angeben. Diese neue Zeit zwischen 1789 und 1840 nennt man Klassizismus. Warum? Einige schlaue Gelehrte, die sich mit antiken Philosophien befasst hatten, begannen, in Griechenland, Kleinasien und Ägypten in der Erde zu buddeln. Sie fanden antike Gebäude und Gegenstände, die sie in Museen stellten, die auch dem Volk zugänglich waren. Auf alten Vasen und an Statuen entdeckte man die klassischen Faltenwürfe wieder. Lang und fließend sollte alles sein, zart in den Farben, von Geist durchdrungen – man nannte diese Mode Empire. Denn besonders in Frankreich wurde dieser Stil entwickelt – während Kaiser Napoleons erster Kaiserzeit. »Empire« heißt Kaiserreich!

Dünn, dünner, am dünnsten

Ein neuer Stoff eignete sich ganz besonders gut für die unter der Brust geschnürten Chemisenkleider des Empire: der indische Baumwoll-Musselin. Obwohl die Kleiderschnitte streng waren und ohne Schnörkel auskamen, umfloss der dünne Stoff die Frauen und zeichnete die Körperformen ab. Das galt als ziemlich verführerisch. Dazu trugen die hochgestellten Damen eine Schleppe oder einen kostbaren Schal. Beides war super unpraktisch, aber entsprach den antiken Vorbildern. Der anmutige Umgang damit musste regelrecht geübt werden, inklusive in Ohnmacht zu fallen. In Frankreich gab es einen Wettbewerb, wer wohl das dünnste Kleid hätte. In ihrem Modewahn zogen die Damen auch im Winter nur diese Fähnchen an – und starben reihenweise an Lungenentzündung. Die Herren waren da ein bisschen klüger: Bei ihnen änderten sich nur das Beinkleid und die Haartracht. Man(n) trug nun Langhose, die Sansculotte und die Farben wurden gedeckter. Mit ihren langen Mänteln und kurzen Haaren ähnelte alles schon sehr der heutigen Männermode.

Biedermeier

Vielleicht hatten sich zu viele Frauen einen Schnupfen geholt; auf jeden Fall war schon

Schirmchen schützten vor allem vor der Sonne!

Keine wärmende Mode!

Nach dem Empire wurde die Mode wieder üppig: mit Taft, Rüschen und Korkenzieherlocken.

Pantoffellook – nichts für Regentage

um 1830 wieder Schluss mit der elfenhaften Empiremode. Vermutlich waren aber erneut die politischen Verhältnisse schuld. Es herrschte große Uneinigkeit in Europa und die einfachen Bürger fühlten sich von der Politik verschaukelt. Das eigene Wohnzimmer war da doch viel sicherer: Man zog sich zurück und die Frauen stickten, kochten, spielten Klavier und sangen. Für dieses beschauliche Leben dachte man sich eine ziemlich aufwendige Mode aus. Taille war wieder in, Korsett leider auch und … die Krinoline. Ein Reifrock der besonderen Art, ausladender als je zuvor. Wer ihn tragen musste, konnte keine schweren Arbeiten verrichten und sich nur per Kutsche fortbewegen. Oder eben im Wohnzimmer sitzen bleiben. Feines, mit Bändern gehaltenes Schuhwerk, Schirmchen, Handschuhe, Schutenhüte, Spitzen bis zum Ohr ließen Frauen aussehen wie Geschenke – das alles nannte sich Biedermeiermode.

Die Herren vermummten sich anders, indem sie sich komische Bärte und Favoris, lange Koteletten, stehen ließen. Der Hut, vor allem der Zylinder, kam wieder in Mode und an den Füßen trug man Gamaschen.

Flechtgerüst

Die Krinolinen wurden immer weiter und maßen bis zu 1,80 Meter im Durchmesser – damit war der Rock breiter, als die Frau groß war! Nicht nur das Anziehen solcher Röcke war schwierig; Frauen passten damit nicht immer durch Türen und schon das Sich-Hinsetzen war eine Kunst für sich! Schnell konnte es passieren, dass der Rock dabei hochflog und die Beine entblößte – peinlich!

Gründerzeit, Reformzeit und Jugendstil: immer locker bleiben

Vielleicht war die Krinoline wirklich der Tropfen, der das Fass zum Überlaufen brachte: Die Frauen rebellierten gegen diese unpraktische Mode. Tatsächlich waren ab 1860 die Tage der Krinoline endgültig vorbei. Aber was folgte, war kaum besser. Die Turnüre wurde erfunden – das ist, kurz gesagt, die Mode des Entenpopos, denn das Hinterteil wurde mit Spitzen, Polstern und Rüschen derart bepackt, dass die Kleider am Po einen halben Meter abstanden.

Mode gegen den Fortschritt

Mitte des 19. Jahrhunderts veränderte sich die Gesellschaft so schnell wie nie zuvor. Der Grund dafür war die Industrialisierung. Menschenmassen zogen vom Land in die Stadt, um Arbeit in den Fabriken zu finden, und auch die bürgerlichen Damen wollten an dem neuen gesellschaftlichen Umschwung teilhaben. Krinolinen und Turnüren waren da echte Karrierekiller. Wer kann schon mit einem so ausladenden Rock in der Fabrik stehen? Manche Kleidungsstücke wurden mit dem zunehmenden Straßenverkehr richtig gefährlich. Wer jetzt einen Schutenhut trug, hatte ein sehr eingeschränktes Blickfeld und erkannte die Gefahren des Droschkenverkehrs zu spät. Auch einige Künstler waren sehr für bequemere Frauenkleidung, allerdings weniger aus praktischen als aus Schönheitsgründen; die sogenannten Präraffaeliten waren eine Gruppe Maler, die das Mittelalter und die Antike verehrten und somit auch den locker fließenden Kleiderstil. Leider konnte sich der neue Schlabberlook nicht durchsetzen, denn die hauchzarten, oft fast durchsichtigen Trägerkleidchen waren auch nicht die richtige Arbeitskleidung. Da passten die neuen Schneiderkostüme aus England schon besser. Rock und Kostümjacke aus demselben Stoff, darunter ein Blüschen – dieses Businessgewand für Frauen sollte für viele Jahrzehnte die Arbeitskleidung werden: mal enger, mal kürzer, mal länger im Rock. Manche Frauen trugen sogar Krawatten und Manschetten.

→ **Schon gewusst?**

Die neue Reifrockmode war so verschwenderisch, dass es Gesetze gab, wie viele Meter Stoff für die Röcke verwendet werden durften. Außerdem waren die Rüschenkleider brandgefährlich. In der Jesuitenkirche von Santiago de Chile brach 1863 ein Feuer aus, in dem fast zweitausend Frauen umkamen, weil ihre Kleider innerhalb von Sekunden in Flammen standen.

Lange Zeit trugen die Frauen auch noch Korsette unter den Badeanzügen – warum eigentlich? Die Badeanstalten waren sowieso streng nach Männlein und Weiblein getrennt.

Jugendstilkleider sahen immer ein wenig aus wie aus dem Theater!

Zum Radfahren waren lange Röcke nicht der Hit.

Gegenschwung

Vielleicht war das mit der »praktischen« Frauenkleidung etwas zu fix gegangen? Vielleicht wollten sich die Frauen und vor allem die Männer nicht so schnell von einer figurbetonten Mode verabschieden? Oder manche Kreise wollten zeigen, dass die Frauen es nicht nötig hatten zu arbeiten? Jedenfalls wurde die Damenmode wieder viel verspielter. Die Wespentaille kam auf und die Röcke flossen glockenförmig zu Boden. Federboas und Taftrüschen in buntesten Farben prägten die Mode am Ende des 19. Jahrhunderts. Die Trägerinnen sahen aus wie Sahnetorten. Dazu trug man Schinken- oder Puffärmel, die Kleider waren bis zur sogenannten Halskrause geschlossen und am Busen wogten Volants. Aus den Haaren wurden wahre Gebilde gezaubert, auf denen noch ein ausladender Hut saß.

Sportliche Säcke

Dieser Rüschenkult gefiel vielen Frauen aber nicht mehr, denn sie hatten ein neues Selbstbewusstsein entwickelt. In den großen Städten Europas kämpften sie für das Wahlrecht. Neue medizinische Erkenntnisse belegten, dass die Korsette ziemlich ungesund waren und dass frische Luft der Haut guttun würde. Die Frauen entdeckten das Radfahren; also mussten kürzere Röcke ohne Rüschen und Schleifen her. Frauen liebten es inzwischen auch, Auto zu fahren – da sollte man bequem sitzen können.

Kunstkleider

Schließlich waren es die Künstler und Handwerker der Sezession, einer Kunstbewegung um die Jahrhundertwende, die der Frauenmode einen neuen Schwung gaben. Das Reformkleid wurde erfunden. Das waren praktische Hemdkleider, gerade geschnittene Mäntel, einfache Schnitte ohne Brimborium. Damit konnte endlich Mode auch konfektionell, also in Fabriken hergestellt werden – und viel mehr Frauen erreichen als die handgenähte.

Am Erfolg des Krinolinenstils waren zwei Kaiserinnen schuld: Frankreichs Kaiserin Eugenie und die österreichische Kaiserin Sisi, die beide berühmt für ihre ausladenden Kleider waren. Zumindest in jungen Jahren. Später wurde Sisi magersüchtig und ein Sportfreak und lief 40 Kilometer am Tag zu Fuß!

Matrosenlook ist ein Modeklassiker.

Von den Fischern abgeguckt: Caprihosen!

Kleider wie Bilder – Mode wird grafisch.

Die Künstler entdecken das Entwerfen von Mode!

Coco Chanel gründete ein Modeimperium. Hier mit Romy Schneider bei einer Anprobe.

Die Haute Couture verändert die Modewelt.

Typisch 1920er-Jahre: Topfhüte

Charleston-Kleider wippten bei jedem Schritt mit.

Typisch 1950er-Jahre: Polka-Dots

Vom Schleppenrock zu den Hotpants

Man mag es kaum glauben, aber jahrhundertelang war vor allem die Frauenmode der bürgerlichen und adeligen Gesellschaft von unglaublich vielen Vorschriften geprägt. Dünne Taille, gar keine Taille, großer Ausschnitt, platt gedrückte Brust, Schleifen hier, Spitzen da. Krägen, mit denen man sich noch nicht einmal auf die Zehen gucken konnte. Viel Farbe, wenig Farbe. Hüte so groß wie Wagenräder und Schuhe hoch wie Stelzen. Das alles funktionierte eigentlich nur, solange die Frauen nicht arbeiteten. Natürlich gab es zu allen Zeiten Frauen, die gearbeitet haben: Handwerkergattinnen, Dienstpersonal, Bäuerinnen – sie alle hatten von den modischen Besonderheiten, die wir auf den vorangegangenen Seiten beschrieben haben, so gut wie nichts gehabt. Rock, Mieder, Bluse oder Tracht in unauffälligen Farben, am besten mit Schürze davor – so liefen arbeitende Frauen schon seit Jahrhunderten herum. Es war eben eine Zweiklassengesellschaft, die sehr klar zwischen Reich und Arm unterschied. Mit Beginn des 20. Jahrhunderts kam eine große soziale Bewegung auf. Arbeiter und Arbeiterinnen sollten sozial unterstützt werden. Und viele Frauen, auch aus den sogenannten höheren Schichten, wollten oder mussten arbeiten. Denn um 1900 begann eine lange anhaltende Wirtschaftskrise, die im Ersten Weltkrieg ihren ersten traurigen Höhepunkt erreichte. Für unpraktische Mode, die nur auf Show aus war, war da kein Platz mehr. Es begann das Jahrhundert der größten modischen Veränderungen seit Beginn der Menschheit!

Neues Jahrhundert – neuer Look!

Topfhüte saßen tief in die Stirn bis zu den Augenbrauen.

Die Damenwelt war hin- und hergerissen. Sollten die Säume jetzt nach oben oder nach unten? Brauchte man überhaupt noch ein Korsett oder genügte eine lockere Bluse? Was sollte man von kastenförmig geschnittenen Kostümen halten? Und wieso gab es kurz vor dem Ersten Weltkrieg wieder eine Art Reifrock, die sogenannte Kriegskrinoline? Eigentlich war sowohl die Herren- wie auch die Damenmode noch relativ »altmodisch« und unterstand strengen Vorschriften, die bestimmten, zu welchem Anlass man was zu tragen hatte. So wackelig die weltpolitische und wirtschaftliche Lage auch war: In Sachen Kleidung wollte man nichts dem Zufall überlassen. Für die Herren, die schon seit der Mitte des 19. Jahrhunderts dem englischen Modediktat folgten, gab es vorgeschriebene Sakkos, Gehröcke, Hosen und Kopfbedeckungen. Für die Damen reichten die Röcke noch bis nach dem Ersten Weltkrieg schicklich bis zum Knöchel.

Kurz und knapp

Wirtschaftskrise und Krieg bewirkten, dass guter Stoff Mangelware wurde. Wäre da nicht eine junge Hutmacherin gewesen, die aus billigem Baumwolltwill, den man eigentlich zur Herstellung von Unterwäsche gebrauchte, einfach geschnittene Hemdblusenkleider und Matrosenblusen schneiderte, die ziemlich gut ankamen. Raffiniert einfach, Stoff sparend und klar in der Linie waren diese Kittelkleider. Dazu

Die tief angesetzte Taille der Röcke verschlankte die Figur.

Die neuen Kunstseidenstrümpfe machten Lust auf mehr Bein!

Piraten- oder Matrosenlook – Frauen wurden in der Mode zu Abenteuerinnen.

schnitt sie sich selbst als Erste die Haare kurz zum Pagenkopf und verkündete, dass zu viel Schmuck nicht schick sei und Frauen höchstens eine Perlenkette oder einfachen Modeschmuck tragen sollten. Die Dame hieß damals noch Gabrielle Chanel und sollte ab den 1920er-Jahren als Coco Chanel in die Modeweltgeschichte eingehen.

Da geht mir der Rock hoch!

Es hatten ja schon einige Modeschöpfer versucht, die Hose für Frauen durchzusetzen, aber nie mit Erfolg. Die Trägerinnen mussten zu viel Spott aushalten. Das änderte sich schlagartig nach dem Ersten Weltkrieg. Aus Mangel an Stoffen musste Kriegskleidung aufgetragen werden. Natürlich gab es jede Menge Hosen für die Soldaten, die übrig geblieben waren. Schwer arbeitende Frauen griffen nun gerne zu den praktischen

Dingern, in denen man sich endlich ungehindert bewegen konnte. Der Mangel machte kreativ und kaum hatte man sich von den Schrecken und dem Elend der Kriegsjahre erholt, begann eine Phase des Vergnügens: Die sogenannten Goldenen Zwanziger.

Nicht alles ist golden, was glänzt

1920 begann eine Art verzweifelte Vergnügungssucht, denn den Menschen weltweit ging es nicht gut. Arbeitslosigkeit, Weltwirtschaftskrise, instabile politische Verhältnisse – die Menschen reagierten darauf mit Tanz und Musik und: schriller Mode! Aus den USA kam die Welle des Jazz. Aus Argentinien der Tango. Zu den neuen Rhythmen wollte man ungezwungen tanzen und dazu brauchte man Kleider mit Beinfreiheit. Das Charleston-Kleid und die Tangomode mit weiten Hosenbeinen wurden erfunden. Wippende Fransen an den knielangen Röcken schwangen im Takt. Die kratzigen schwarzen Wollstrümpfe wurden von feinen, weißen Kunstseidenstrümpfen abgelöst, die sich dem Bein anpassten. So schöne Strümpfe waren zum Verstecken viel zu schade – die Röcke wurden kürzer! Riemchenschuhe und Pumps machten eine gute Figur und vor allem eigneten sie sich zum Tanzen.

Die neuen, schwingenden Röcke waren ideal für den neuen Modetanz.

Für Kinder war die Mode ziemlich babyhaft: Hängerchen mit Shorts und Söckchen.

Haute Couture

Paris regiert die Modewelt, seit C. F. Worth das Schneiderhandwerk zur hohen Kunst erhob.

Seit der Französischen Revolution 1789 war ganz schön Bewegung in die Damenmode gekommen: erst Empire, dann Biedermeier, schließlich Gründerzeit. Jahrhundertelang hatte der Adel vorgegeben, was der Dernier Cri, also der »letzte Schrei« war. Mit Einsetzen der Industrialisierung im 19. Jahrhundert und mit dem immer reicher werdenden Bürgertum wuchs das Interesse an exklusiver Kleidung allmählich auch in der einfachen Bevölkerung. Während die Männer eher nüchtern gekleidet waren und ihren Berufen nachgingen, sollten die Frauen als Aushängeschild dienen. Der Geldadel fing nun an, die Mode zu beeinflussen. Man wollte exklusive Modelle. Aber sich einen eigenen Schneider zu leisten, überstieg doch die Möglichkeiten der meisten Menschen, auch wenn sie wohlhabend waren. Außerdem ist nicht jeder Schneider auch ein guter Modeschöpfer. Da hatte der Engländer Charles Frederick Worth

1857/58 eine Idee, die bis heute das Modeleben in Atem hält: Er begründete in Paris die Haute Couture, die hohe Schneiderei – also Modellkleider aus Meisterhand.

Ein ganz besonderer Zirkel

Dieser C. F. Worth war nicht nur ein guter Geschäftsmann und Designer, sondern auch ein gewitzter Mann: Er ließ als Erster seine Kleidermodelle von einem Model vorführen, nämlich von seiner Frau. Andere Modeschöpfer folgten schon bald seinem Beispiel. Sie gründeten 1888 einen exklusiven Verband für das Schneiderhandwerk. Wer in diesen erlauchten Zirkel aufgenommen wurde, entschied eine Jury. Seit dem Gründungsjahr des Haute-Couture-Verbandes, der offiziell Chambre Syndicale de la Haute Couture heißt, hat sich daran nicht allzu viel geändert, außer dass die Mitgliederzahl stark geschrumpft ist.

Was ist Haute Couture und wie funktioniert sie?

Jedes Jahr aufs Neue wählt eine Jury aus, wer sich zum erlauchten Kreis der Haute Couture zählen darf. Das sind exklusive Modedesigner oder große Modehäuser, die mindestens 15 Angestellte haben. Zweimal im Jahr müssen diese dann eine Kollektion, bestehend aus 35 Modellen, in Paris bei großen Schauen vorstellen. Nur wer das aufwendige Prüfungsverfahren der Chambre Syndicale de la Haute Couture jedes Jahr über sich ergehen lässt, darf seine Modelle Haute Couture nennen.

➡ **Rekord**
100 000 Euro
Haute-Couture-Kleider können bis zu 100 000 Euro kosten.

Was auf den Haute-Couture-Schauen gezeigt wird, können nur sehr wenige tragen: a) ist es teuer, b) oft sehr ausgefallen.

Warum Paris?

Seit dem 17. Jahrhundert siedelten sich in der Stadt sehr viele Schneider und Schneiderinnen, Stoffdesigner, Hut- und Putzmacherinnen an. Das lag auch daran, dass die französischen Könige schon immer sehr modebewusst und die Zunftgesetze in Frankreich ziemlich locker waren. Zünfte waren die Vereinigungen der Handwerker mit strengen Regeln. Auch die Schneider hatten natürlich ihre Zunft. Doch je freier sie arbeiten konnten, umso einfallsreicher waren sie. Man kann wohl sagen, dass Paris schon sehr früh ein sogenannter Think-Tank, also ein Ideenkochtopf war, was Mode betraf.

Die großen Modehäuser

Sicher hast du schon einmal die Namen Chanel, Dior und Yves Saint Laurent gehört? Sie gehören zu den ersten sehr einflussreichen Modehäusern in Paris. Später kamen noch viele Namen hinzu. Was sie kreierten, wurde oft als Linie bezeichnet; das bezog sich auf die Silhouette der Kleider. Bis in die 1950er-Jahre war Haute Couture das Aushängeschild der Mode-branche. Die meisten Abnehme-rinnen waren berühmte, reiche oder ältere Damen. Aber in den 1960er-Jahren wurde die Mode jünger, z. B. durch Einflüsse aus England, wo Mary Quant den Minirock erfand. Andere Designer experimentierten mit Metall- und Raumfahrtelementen, leichteren Stoffen oder einfach alltagstauglichen Schnitten. So gesellte sich zur oft steifen und superteuren Haute Couture eine tragbare und vor allem bezahlbarere Mode, die Prêt-à-porter-, also »Fertig zum Anziehen«-Mode. Auch der Einfluss aus Italien machte sich bemerkbar, wo Designer wie Valentino, Armani und Biagiotti eine Alta Moda, also eine »hohe Mode« ins Leben riefen und ihre Modeschauen in Mailand statt in Paris zeigten.

Mit ihrer schlichten Eleganz beeinflusste Coco Chanel die Frauenmode bis heute. Rüschen mochte sie nicht. Dafür ist das »Kleine Schwarze« aus keinem Kleiderschrank wegzudenken.

1920er-, 1930er- und 1940er-Jahre: rauschend bis praktisch

Mit großer Begeisterung gingen Frauen und Männer nun auch in die Berge. Skifahren wurde zum Volkssport und der braun gebrannte Teint zum Schönheitsideal.

Wer nicht tanzte, trieb Anfang des 20. Jahrhunderts Sport. Tennis, Skifahren, Bergwandern, Radfahren, Golf und Autofahren wurden zur Freizeitbeschäftigung der 1920er- und 1930er-Jahre. Vielleicht hat sich durch das Aufkommen des Sports die Mode am meisten geändert. Strickpullover, die sich dem Körper anpassten, waren seit den Zwanzigerjahren bei Männern und Frauen beliebt. Und was das Schönste war: Man konnte sie auch noch selbst herstellen. Schließlich gehörte

Stricken zur Ausbildung aller Mädchen, übrigens bis weit in die 1970er-Jahre.

Berühmte Mäntel

Da es in den Automobilen von damals ziemlich zugig und Fahrten eine staubige Angelegenheit waren, setzte man sich in einem Mantel ins Auto: ein beiges Stück aus festem Stoff, dem Popeline. Bis heute heißen diese Popelinemäntel auch Staubmäntel. Eine andere Mantelform wurde durch den Ersten Weltkrieg berühmt, denn

Plaisirs d'hiver en AUTRICHE

sie wurde aus dem Militär entlehnt und ist bis heute ein Modeklassiker: der Trenchcoat, was übersetzt so viel heißt wie Schützengrabenmantel.

In den 1930er-Jahren wurden Pelze modern – selbstverständlich echte, denn man wollte zeigen, was man hatte. An Tierschutz hat damals niemand gedacht.

Bubenmode

Noch ein Merkmal prägte die Mode der 1930er-Jahre: das Bubenhafte. Eine Frau, die den Mut hatte, sich im Männerstil anzuziehen, zum Beispiel Hosenanzug, Smoking und Krawatte, nannte man »Garconne«. Wer nicht ganz so mutig war, begnügte sich mit gerade herabfallenden Hemdkleidern, die eine knabenhafte Figur machten. Hosen bei Frauen wurden salonfähig, ja tatsächlich wurde in den 1920er-Jahren ein Tabu gebrochen und es begann der bis heute anhaltende Trend, dass Frauen Hosen tragen können. Überhaupt brachten die Zwanziger eine Wende, wie sie nie zuvor da gewesen war.

Die Gegenbewegung

Kurz vor Ausbruch des Zweiten Weltkrieges wurde die Mode mal wieder von politischen Entwicklungen beeinflusst, zumindest in Deutschland. Der Diktator Hitler schrieb einen Frauentyp vor, der fraulich und mütterlich zu sein hatte. Da gefiel ihm ein unnatürlicher Kleider- und Schminkstil natürlich nicht. Glockig fallende Kleider kamen in Mode, denn sie betonten die Weiblichkeit. Auf der anderen Seite wurde die Schulterpartie verstärkt; wahrscheinlich

Stickereien und Rüschen motzten im Krieg die Kleider aus den 1930er-Jahren auf.

gefiel Hitler das auch, weil es etwas Militärisches hatte. Die Röcke bedeckten nur noch knapp das Knie. Außerdem kam die Tracht, die lange Zeit als rein bäuerlich galt, zu neuen Ehren.

Mode in Zeiten des Krieges

Viele Modeschaffende waren Juden: Durch deren Verfolgung kam fast der gesamte deutsche und auch europäische Modebetrieb während des Zweiten Weltkrieges zum Erliegen. In Deutschland und in Paris mussten die Haute-Couture-Salons schließen: zum einen, weil es kaum noch Material gab, und zum anderen, weil sich niemand mehr die sündteuren Kleider leisten konnte. Die Stoffindustrie stellte fast nur noch Material für Uniformen her. Schließlich ging es vor allem darum, etwas Warmes am Leib zu tragen; das Aussehen war eher nebensächlich. Trotzdem versuchten viele Frauen, durch Umnähen, Stricken und Sticken ihren wenigen Kleidern eine persönliche Note zu geben.

➡ Schon gewusst?

In bürgerlichen Kreisen war es unüblich, sich auffällig zu schminken. Das überließ man den Tänzerinnen oder den Schauspielerinnen, die damals nicht den besten Ruf hatten. Damit war Ende der 1920er-Jahre Schluss: Stark gepuderte Gesichter, greller Lippenstift, künstlicher Brauenbogen, schwarz umränderte Augen und rot lackierte Fingernägel waren in.

Die Herrenmode blieb all die Jahre weitgehend gleich.

1950er: Petticoat und Caprihosen

Der Zweite Weltkrieg hat nicht nur das Modeleben zum Stillstand gebracht, sondern auch die Stoffindustrie. In Deutschland wurde eine Broschüre herausgegeben mit Tipps, wie man aus alten Kleidern neue macht. Die Folge war, dass man die Röcke kürzer machte, um Stoff zu sparen, und Schulterpolster in die Kleiderjacken nähte – dann sah alles ein wenig mächtiger aus. Schön war es nicht. Wer Modezeitschriften aus Paris in die Hände bekam, orientierte sich daran. Nachschneidern und Kopieren wurden zum Volkssport. Besonders ein Stil setzte sich durch: der New Look!

Der New Look

Der junge Designer Christian Dior hatte schon kurz nach dem Zweiten Weltkrieg die Chance, eine neue Modekollektion vorzuführen. Ein Gönner hatte ihm Geld geliehen. Was Dior vorführte, ging als New Look in die Modegeschichte ein. Er machte Schluss mit der ärmlichen Nachkriegsmode. Weite Röcke, die von einer schmalen Taille in A-Form auseinanderliefen, an der Taille schmale Oberteile, die trotzdem den Busen betonten. Für diesen Look mussten die Frauen mal wieder ein Mieder tragen; das war zwar nur mehr ein Hüftgürtel, bequem war aber auch der nicht. Der New Look hatte auch Kritiker, die meinten, dass zu viel Stoff verbraucht würde. Bald darauf kreierte Dior die Bleistift-Linie, also ziemlich schmale Röcke, in denen man nur laufen konnte, weil Dior einen Schlitz hineinschnitt: die Dior-Falte.

Streifen und Punkte, Rot und Weiß bestimmten den Look in den 1950er-Jahren. Und ohne Petticoat ging gar nichts.

Christian Dior gab mit seinen »Linien« der Nachkriegsmode neue Eleganz.

Pfennig-absätze

Ballerinas und Hosen im 3/4-Stil trägt man heute noch.

Pfennigabsätze und Nylons

Nach dem Krieg setzte sich eine ziemlich durchsichtige Erfindung durch, die teilweise sogar als Zahlungsmittel diente: Nylons – hautfarbene, transparente Strümpfe, die hinten eine Naht hatten. Das sah ultraschick aus, vor allem in der neuen Schuhmode, die man zum New Look trug, den Pfennigabsätzen.

Caprihose und Ballerinas

Der New Look war eine sehr erwachsene Mode. Logisch, dass Mädchen und junge Frauen sich nach jüngerer Mode sehnten. Die Vorbilder holten sie sich in Paris und auf italienischen Inseln wie Ischia und Capri: Die Hose der italienischen Fischer war knalleng und ging nur bis zur Mitte der Wade. Damit war sie eine ideale neue Hosenform, auch für junge Frauen. Sie wurde als Caprihose modern und ist es bis heute geblieben. Dazu trug man Ballerinas, eben auch wie heute. Die anderen Einflüsse kamen aus dem Pariser Künstlerviertel Montmartre und aus Hafenstädten wie Marseille. Dort trugen viele Menschen schwarze Rollkragenpullover und schwarze Hosen. Den Matrosen hatte man die geringelten Baumwollpullover abgeguckt. Diese Existenzialisten-Mode ist ebenfalls bis heute ein Klassiker.

Petticoats und Pferdeschwanz

Ein Zwischending zwischen erwachsener Mode und Jugendmode waren Kleider mit schmaler Taille und wippenden Röcken. Am besten noch mit vielen Punkten. Damit die Röcke das richtige Volumen bekamen, mussten sie verstärkt werden. Früher hätte man Reifröcke genommen, aber die harten Reifen wollte ja niemand mehr. Stattdessen wurde ein Unterrock erfunden, der Petticoat. Er bestand aus viel Spitze und Tüll und hüpfte beim Tanzen genauso wie der Pferdeschwanz, die Lieblingsfrisur junger Mädchen. Ältere Damen trugen einen Lockenkopf oder eine Hochsteckfrisur mit viel Dauerwelle und Haarspray drin.

Funny Fact

Beine wie gemalt

Wer sich keine Nylons leisten konnte, malte die Beine mit bräunlicher Farbe an und mit Augenbrauenstift die Naht.

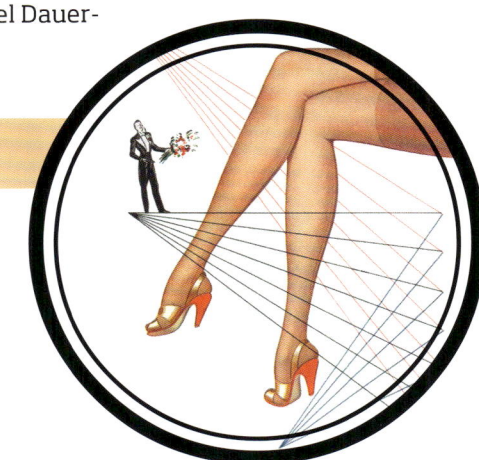

Modehäuser
und ihre Models

Wer sind die wichtigsten Modedesigner? Natürlich ist die Frage schwer zu beantworten, denn es wurden seit dem Beginn der Haute Couture ganz schön viele Modelabels gegründet. Mal ist das eine berühmter, mal das andere. Und doch gibt es ein Ranking, also eine Hitliste der einflussreichsten Modehäuser und Designer.

YSL – dieses Kürzel steht für den Designer Yves Saint Laurent.

Calvin Klein ist berühmt für seine Unisex-Mode.

Ralph Lauren pflegt sportlichen Kolonialstil.

Vivienne Westwood mixt alle Stile aller Epochen.

Claudia Schiffer (rechts) und Audrey Hepburn (links) waren Chanel-Models. Karl Lagerfeld entwirft heute für Chanel.

Die Eleganten

Sicher eines der einflussreichsten ist seit Anfang des 20. Jahrhunderts das Modehaus von Coco Chanel (1883–1971). Sie schuf unter anderem das Chanel-Kostüm. Auch heute ist das Haus Chanel, für das Karl Lagerfeld Kollektionen entwirft, weltberühmt und stilbildend. Karl Lagerfeld selbst (sein Geburtsdatum hält er geheim) gilt als einer der Designer, die am längsten die Modewelt beeinflusst haben, er »erfindet« seit 50 Jahren jedes Jahr Kollektionen für mehrere Häuser. Eine zweite große Moderevolution nach Coco Chanel gelang Christian Dior mit der Erfindung des New Look; das war nach dem Zweiten Weltkrieg. Die dritte Welle schreibt man Yves Saint Laurent zu, der den Damensmoking, Hosenanzüge und den Safari-Stil prägte.

Kate Moss ist seit 20 Jahren eines der meistgebuchten Models der Welt.

Musik und Mode

Eine der verrücktesten Designerinnen ist die Engländerin Vivienne Westwood. Die ehemalige Lehrerin langweilte sich in den 1970er-Jahren derart, was Mode betraf, dass sie mit ihrem Lebensgefährten Malcolm McLaren anfing, Rockbands auszustatten. Nicht ganz zufällig wurde eine unter dem Namen Sex Pistols weltberühmt und machte den Punk-Look modern. Seitdem gibt es Löcher in Klamotten, Risskanten, Sicherheitsnadeln als Stilmittel und Shabby-T-Shirts. Seit den 1980er-Jahren gestaltet Vivienne Westwood, die auch die »Queen of Punk« (Königin des Punk) genannt wird, Kleider nach historischen Vorbildern, aber immer noch ziemlich schräg!

Auf Shabby folgt Clean

Als echte Gegenbewegung zu den punkigen Outfits kann man die Ostküstenmode von Calvin Klein und Ralph Lauren sehen. Bootstyle, College-Schick, Sportswear und Casual Wear, also klassische Freizeitkleidung, ist ihr Beitrag zur Modeentwicklung.

Madonna macht bei all ihren Auftritten Modeexperimente.

Models als Aushängeschilder

Kate Moss, Claudia Schiffer, Naomi Campbell und Heidi Klum – sie alle sind weit über ihre Modeltätigkeit hinaus berühmt geworden. Entweder weil sie exotisch und alterslos aussehen wie Naomi Campbell oder weil sie die Castingshow »Germany's Next Topmodel« moderieren (Heidi Klum) oder weil sie seit vielen Jahren Mode so vorführen, dass es cool wirkt (Kate Moss). Viele der berühmten Models sind auch das Aushängeschild eines Labels. Claudia Schiffer war zum Beispiel lange Lagerfelds Lieblingsmodel. Das Model ist dann eine Muse, so etwas wie die gute Seele und Ideenquelle für den Designer.

Mode-Ikonen

Was haben Audrey Hepburn, Jackie Kennedy, Madonna, Lady Gaga und Prinzessin Kate gemeinsam? Sie alle tragen Modelle bekannter Modedesigner – und das so elegant, dass sie in allen Zeitschriften abgebildet werden. Viele Frauen wollen dann aussehen wie sie. Audrey Hepburn hat in den 1950er-Jahren das Kleine Schwarze und die Caprihose berühmt gemacht. Die als Bürgerliche geborene Letizia von Spanien sieht so unglaublich königlich in ihren Designerroben aus, als wäre sie schon immer Königin gewesen. Solche stilsicheren Frauen nennt man Mode-Ikonen.

Mädchenlook für Frauen wird immer wieder modern.

Mit den Punks wuchsen Mode und Musik zusammen.

Schulmädchen-Look mit Schottenrock und Baskenmütze in den 1960er-Jahren.

Viele Modeelemente wie Schlaghosen und Fantasieuniformen kamen aus der Pop-Musik-Szene.

Dicker Gürtel, schmale Taille, Löwenmähne: Durch Fernsehserien wie »Drei Engel für Charlie« wurde dieser 80er-Jahre-Look berühmt.

Breit wie ein Schrank: Sakkos in den 1980er-Jahren.

Das Ende des Modediktats

Plateausohlen in Schockfarben: echte Hingucker!

Kleidervorschriften, Kleideretikette, also »Wer darf was wann tragen?« – das alles hat über Jahrhunderte Kleider und Stile geprägt. Reiche waren an ihrer Kleidung zu erkennen, Arme durften bestimmte Farben und Stoffe nicht tragen. Hosen waren erst seit dem Beginn der 1920er-Jahre für Frauen akzeptiert. Und eigentlich müssten Frauen in Frankreich heute noch um Erlaubnis fragen, ob sie Hosen tragen dürfen. Das Gesetz galt schon zu Zeiten der Dichterin George Sand (1804–1876), die leidenschaftlich gerne Männerhosen trug. In den 1960er-Jahren sollte sich alles grundlegend ändern. Wenn man von den Swinging Sixties spricht, meint man eine Bewegung, die sich nicht mehr um Bestimmungen und Vorschriften kümmerte. In England wurden die Beatles berühmt. In Vietnam führten die USA Krieg. Tausende Studenten gingen deshalb aus Protest auf die Straße. Drogenerfahrungen und »freie Liebe« wurden zum Jugendkult. Das Aufbegehren gegen die Elterngeneration gehörte zum guten Ton. Zu so viel Protest mussten auch die Klamotten passen. Die Jeans, der Minirock, Indien-Style, Sweatshirts und Schlabberlook wurden in. Gleichzeitig erfanden die Designer in Paris kantige Kleider, zum Teil aus Plastik oder Papier. Nichts blieb mehr, wie es war. Alle, Männer und Frauen, konnten anziehen, was sie wollten. Und das taten sie auch. Diese Vielfalt hält bis heute an, eine nie gekannte Freiheit!

Ein Idol für die Jugend: James Dean.

Farbrausch und indische Muster: Hippies Ende der 1960er-Jahre.

1960er und 1970er: Revolution im Kleiderschrank

Orient, Indien, Gauklermode und Farbe: Das war der Mix der Hippiemode!

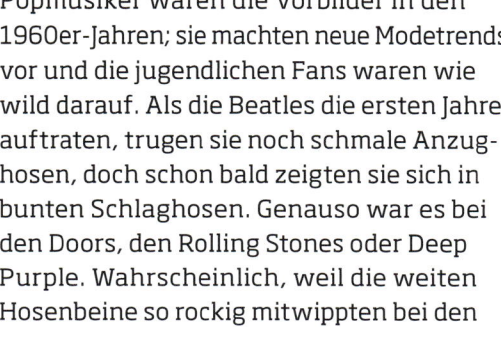

Twiggy hieß das Model, das den Minirock berühmt machte.

Als die junge Modestudentin Mary Quant 1955 in London ihren ersten Laden eröffnete, konnte niemand ahnen, dass ihre Erfindung die Mode bis heute verändern sollte. Sie hatte die »olle« Petticoat-Mode der 1950er-Jahre satt und schneiderte kurzerhand alle ihre Kleider so kurz, dass ein Aufschrei durch die Welt ging. Allerdings meist von Leuten, die solche Miniröcke eh nicht tragen konnten. Die jungen Frauen aber fanden diese Revolution großartig. In kürzester Zeit setzte sich das knappe Röckchen durch.

Straßenmode

Popmusiker waren die Vorbilder in den 1960er-Jahren; sie machten neue Modetrends vor und die jugendlichen Fans waren wie wild darauf. Als die Beatles die ersten Jahre auftraten, trugen sie noch schmale Anzughosen, doch schon bald zeigten sie sich in bunten Schlaghosen. Genauso war es bei den Doors, den Rolling Stones oder Deep Purple. Wahrscheinlich, weil die weiten Hosenbeine so rockig mitwippten bei den

neuen Sounds der Popmusik. Dazu wurden übergroße Brillen getragen und bunte Hemden mit Kringeln darauf. Es war das erste Mal, dass modische Anstöße von der Straße kamen. Politisch galt es damals als schick, gegen alles Konservative, also Altmodische zu sein. Viele traten kommunistischen Parteien bei. Diese Liebe zum Arbeitertum sollte sich in der Verehrung einer Arbeiterhose ausdrücken: der Jeans. Kaum ein Kleidungsstück hat solch eine Karriere hingelegt wie die robuste Denimhose, die der fränkische Auswanderer Levi Strauss im 19. Jahrhundert erfand.

Baumwolle aus Nîmes

Als Levi Strauss 1847 in die USA auswanderte, hatte er nur ein paar Ballen Segeltuch mit im Gepäck. Schon bald fertigte er daraus Latzhosen für Goldgräber. Die waren ziemlich nachgefragt und 1870 gründete Levi eine Hosenmanufaktur. Den Stoff für seine Fabrikhosen ließ Levi aus Frankreich, genauer gesagt aus der bereits im 15. Jahrhundert gegründeten Baumwollfabrik in der französischen Stadt Nîmes kommen. »De Nîmes« heißt auf Französisch »aus Nîmes« – damit hatte der Stoff seinen Namen weg: Denim. Aus einer italienischen Stadt kam ein anderes robustes Material,

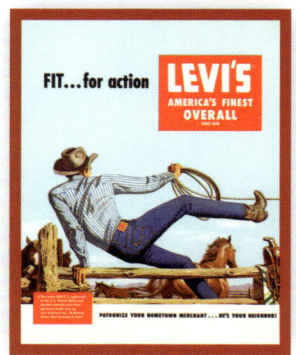

In Jeans sollte man die Freiheit des Wilden Westens spüren!

*Vollbart und Anzug, lange Mähne und Minirock:
Popgruppen wie die Bee Gees waren für viele modische Vorbilder.*

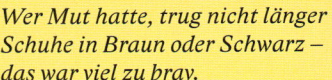

das sich gut zur Arbeitshose verarbeiten ließ: Genua, das man auf Englisch »Dschenua« ausspricht; daraus entstand der Name Jeans. Bis auch Europa von der Jeanswelle erfasst wurde, dauerte es dann aber doch noch rund 100 Jahre.

Bereits in den 1950er-Jahren kam die ehemalige Arbeiterhose als Caprihose zu Ehren. In den 1960er-Jahren trat sie in einer gebleichten Waschung den Siegeszug an. In den 1970er-Jahren gab es fast nichts, was nicht aus Jeansstoff war.

Man trägt, was gefällt

So lautete das Motto in den 1970er-Jahren. Es gab so viele Moderichtungen, dass niemand mehr genau wusste, was angesagt war. Auf jeden Fall war es Folkloremode. Aus dem Orient, aus Russland und Indien entlehnten die Designer ihre Ideen. Heraus kam ein wilder Mix aus kurzen und langen Kleidern, Blumen, Borten, Pelzbesatz und ein wenig Romantik. Das war sehr fantasievoll. Und es passte gut zur neu entdeckten Umwelt- und Friedensbewegung, die nach der Ölkrise 1973 ihren Anfang nahm. Woran man wieder sieht, dass Mode ziemlich politisch ist.

Breit, breiter, am breitesten

Die Herrenmode legte sich in den 1970er-Jahren mächtig ins Zeug. Die Sakkos hatten breite Schultern und bekamen einen Kragen breit wie Brustpanzer; dazu wurden Krawatten getragen, die an Babylätzchen erinnerten. Dafür waren die Hosen am Bund knapp und an den Hosenbeinen weit. Sportswear wurde immer beliebter, gerne aus glänzenden Kunstfasern. Die Haare bei Mann und Frau wurden recht üppig getragen. Für Lockenmähnen bis zur Schulter ließen sich die Frauen Dauerwellen machen.

Bunte Rebellen

Eine echte Gegenbewegung zu Folklore und Anzugstil war die Punkwelle. Mit Irokesenschnitt in bunten Farben, löchrigen Kleidern und Stachelhalsbändern, Nietengürteln und Doc-Martens-Stiefeln konnte man selbst die friedlichsten Eltern aus der Ruhe bringen.

Wer Mut hatte, trug nicht länger Schuhe in Braun oder Schwarz – das war viel zu brav.

Doc-Martens-Stiefel wurden in den 1980er-Jahren mit den Punks modern.

1980er- und 1990er-Jahre: Schultern und Shabby Chic

In den 1980er-Jahren ist die Frauenmode einen sehr eigenwilligen Weg gegangen. Es war das Jahrzehnt, in dem die Frauen selbstbewusst in alle Bereiche der Arbeitswelt vorgedrungen sind. Karriere stand ganz oben auf der Wunschliste vieler Frauen. Und um sich das nötige Standing, also den Respekt der Arbeitskollegen zu verschaffen, setzten die Frauen auf breite Schultern. Sie wollten ernst genommen werden, dabei aber nicht auf kurze Röcke verzichten. Herausgekommen ist ein Mix aus voluminösen Oberteilen und schmalen, knielangen Röcken. Die Taille wurde mit breiten Gürteln tief gesetzt, damit die Oberkörper noch mächtiger wirkten. Wehe, jemand stellt sich diesen Amazonen entgegen, sollte der Look wohl sagen!

Mit breiter Brust in die Arbeit

Eyeliner und Schmalzlocke, breite Gürtel und Schultern ... in den 1980er-Jahren wurde alles übertrieben.

College Look und Casual Wear

Als Nebenlinie gewannen die eleganten Bermudas und der Hosenrock Bedeutung. Gelbe Kaschmirpullover, Collegeschuhe, hellblaue Buttondown-Hemden, Poloshirts und Jeans wurden zum Aushängeschild der Yuppies – Young Urban Professionals, »Junge, in Städten arbeitende Menschen« ist die korrekte Übersetzung der Abkürzung. Ab Mitte der 1980er-Jahre setzte die Computerszene neue Maßstäbe;

Kriegslook und Gefängnismode

Keine Schnürsenkel in den Turnschuhen und Hosenböden, die zwischen den Knien sitzen? In den späten 1990er-Jahren hat sich vor allem unter männlichen Jugendlichen eine Mode durchgesetzt, die man als Untergrundmode bezeichnet. In Jugendgefängnissen wurden den Häftlingen Schnürsenkel und Gürtel abgenommen, damit sie sich nicht selbst oder gegenseitig etwas antun. Daraus entstand eine Straßenmode, die Baggypants. Durch den Golf- und den Irakkrieg wurde Camouflage, also das militärische Tarnmuster, zum modischen Gag.

David Bowie gilt bis heute als Mode-Ikone der 1980er-Jahre.

Einflüsse aus Punk und Raumfahrt: In England waren Anfang der 80er weite karierte Hosen und ein extravagantes Styling modern.

Louboutins erkennt man an der roten Sohle und an den hohen Hacken.

in der Arbeitswelt ging es plötzlich lockerer zu. In den USA wurde der Casual Friday eingeführt – ein Tag, an dem man keine steifen Büro-Outfits tragen musste, sondern in Baumwollhosen und ohne Krawatte erscheinen konnte. Dazu trug man Mokassins und Markenturnschuhe. Die Anregungen hierzu kamen aus der amerikanischen Collegeszene – alles ein wenig brav, aber zeitlos. Die Yuppies heißen heute Preppies und es gibt sie immer noch.

Zwischen Brav und Design

Mitte der 1980er-Jahre setzte eine Welle des Poor Chic, also des Bettelstils ein: der Grunge-Stil. Die Bezeichnung stammt aus

der Musikszene und meint Schmuddel-Mix. Stark gefältelte oder geknautschte Stoffe kamen in Mode. Ziemlich neu war die Kunst, aus weißen, grauen und schwarzen Stoffen eine ganz spezielle Grunge-Mode zu gestalten, die wegen feinster Stoffe teuer war, aber herrlich faltig aussah.

1990er – Nabel frei!

Mit dem Einzug der Computer in die Arbeits- und Privatwelt änderte sich mehr als nur die Arbeitsweise. Man konnte viele Dinge gleichzeitig machen. Musik hören und schreiben, entwerfen und mailen, zu Hause arbeiten und trotzdem mit der Welt verbunden sein. Multitasking wurde zum Lieblingswort. Vielleicht war der plötzlich beliebte Lagenlook auch ein Ausdruck dafür? Man trug mehrere T-Shirts und Pullover übereinander, das kürzeste Kleidungsstück immer oben. Daneben gab es die Welle des Purismus – also der Klarheit. Jil Sander entwarf solche Mode. Der Recycling-Look war ebenfalls eine Strömung und daneben wieder Grunge. Eine neue Generation Designer eroberte die Laufstege: zum Beispiel Dolce & Gabbana und Miuccia Prada. Schließlich wurde die Mode immer lässiger. Bei den Frauen rutschten die Tops nach oben und die Hosenbünde nach unten. Dazwischen durfte alle Welt gepiercte oder tätowierte Bauchnabel sehen.

In den 1990ern erobern die Rappermode und die Jugendmode den Laufsteg.

Schleicher

Lange Zeit galt es als Protestmerkmal, wenn man Turnschuhe statt Straßenschuhe zum Beispiel zum Anzug trug. So wollte man gegen Althergebrachtes demonstrieren. Doch aus der Protestbewegung wurde ein Boom, also eine Erfolgsgeschichte. Heute sind diese Schuhe aus dem Alltag gar nicht mehr wegzudenken. Und weil das so ist, haben sie auch einen weniger sportlichen Namen bekommen: Sneaker, was auf Deutsch »Schleicher« bedeutet.

Wie entsteht ein
Modellkleid?

Ist es eigentlich ein Modellkleid, wenn du nach eigenen Entwürfen ein Kleid schneiderst? Na ja, fast. Denn die Voraussetzung ist, dass du professionell, also beruflich und regelmäßig Kleider entwirfst. Eine ideale Ausbildung dafür ist zunächst eine Schneiderlehre. Im Anschluss solltest du Modedesign studieren, zum Beispiel am Londoner Central Saint Martins College of Arts and Design, der Deutschen Meisterschule für Mode in München oder der Royal Academy of Fine Arts in Antwerpen.

Vom Änderungsschneider zum Modezar

Wie all die Namen schon verraten, hat Modedesign viel mit Zeichnen, Entwerfen und eben auch Kunst zu tun. Alle Modeschulen haben ein strenges Aufnahmeverfahren. Denn später geht es darum, einen eigenen Stil zu entwickeln und Kleider zu kreieren, die man auch nähen kann. Handwerk und Kreativität müssen zusammenwachsen.

Den Zeitgeist bedienen

Als in Paris 1857/58 die Haute Couture erfunden wurde, ahnte niemand, dass die Modewelt plötzlich zu einer ganz eigenen Industrie und zu einer Kunstgattung werden sollte. Der erste superkünstlerische Haute-Couture-Designer war Paul Poiret. Er eröffnete 1904 seinen Salon in Paris. Als 1909 die berühmteste Balletttruppe der Welt, die »Ballets Russes«, nach Paris kam, war er so beeindruckt von ihren Kostümen, dass er sich einiges abguckte. Zunächst waren seine Roben sehr angesagt, später passten sie nicht mehr recht in die Zeit, aber er wollte sich nicht umstellen. Eine Frau wurde seine ärgste Konkurrentin: Coco Chanel. Poiret starb bettelarm. Das ist eine tragische Geschichte, die zeigt, wie wichtig es in der Modewelt ist, den Geschmack der Zeit zu treffen. Manche Modedesigner beschäftigen Scouts. Das sind Kundschafter, die an allen möglichen Plätzen der Welt unterwegs sind, um neue Trends auszuspähen. Andere Designer lassen sich von alten Stilen inspirieren und wieder andere von den Traditionen anderer Länder.

Das tapfere Schneiderlein

Nicht jeder Schneider ist in der Lage, ein Kleid zu entwerfen. Aber Modedesigner brauchen gute Schneider, die ihre Ideen umsetzen. Wenn nach den ersten Entwürfen dann Schnittmuster angefertigt werden, sind meistens Schneider mit dabei. Denn sie wissen, welche Naht geht und welche nicht. Bei den Schnittmustern werden auch die Stoffe und die Farben festgelegt. Meist werden winzige Schnipsel Stoffmuster neben die Entwürfe geklebt. Bald sieht ein Schnittbogen für ein Modellkleid aus wie ein riesiges Skizzenbuch, denn da stehen die »Regieanweisungen« für die Schneider drauf.

Idee, Schnittmuster, Prototyp

Nach der Idee, der Skizze und dem Schnittmuster wird ein Prototyp genäht, also das allererste Kleid. Oft wird daran alles Mögliche ausprobiert. So ein Prototyp sieht oft

1

Erst wird der Entwurf gemalt, dann werden Material und Schnitt besprochen.

2 Wenn die Grundform genäht ist, wird die Passform an der Schneiderpuppe abgesteckt.

3 Vom Entwurf bis zur Modenschau muss ein enger Terminplan eingehalten werden.

4 Die Models gucken, wer welches Kleid vorführen darf.

5 Höhepunkte einer jeden Schau: Braut- und Abend- kleider.

aus wie ein gerupftes Huhn, weil manche Stellen nicht fertig genäht sind oder daran herumgeschnippelt wurde. Wenn alle Kinderkrankheiten beseitigt sind, kann das richtige Kleid genäht werden. In der Haute Couture sind daran nicht nur perfekte Schneiderinnen beteiligt, sondern auch Spezialistinnen für Stickkunst, Spitzen oder oft auch Kostümbildnerinnen, die sich auf Effekte verstehen.

Modell am Model

Der große Augenblick kommt, wenn ein Model das Kleid anprobiert. An ihr wird das Kleid auf Figur gebracht. Ist es perfekt, kommt ein durchsichtiger Kleidersack über das Kleid, damit es bis zur großen Moden- schau keinen Fleck bekommt.

Grenzenlose Mode

Vielleicht ist die Mode seit dem Jahr 2000 am besten so zu charakterisieren: Es hat sich jedes Jahr etwas Neues getan. Die Entwicklung der Mode zeigt, dass alles fließender geworden ist und es kaum noch feste Vorgaben gibt, wie etwas auszusehen hat. Die Einflüsse der Straße, des Internets, der Jugendbewegung, der Globalisierung – sie alle haben dazu beigetragen, dass Mode heute ein äußerst beweglicher Begriff ist, den jeder mitgestalten kann. Ob man ein Fashion Victim ist und blind allen Vorgaben der Haute Couture folgt oder ob man durch Selbstschneidern und mutiges Mixen einen eigenen Look kreiert – alles ist erlaubt.

Die Nuller-Jahre

Der Terroranschlag auf das World Trade Center löst eine Sehnsucht nach alten Werten wie Geborgenheit und Sicherheit aus. In der Mode spiegelt das der Retrolook wider, es wird romantischer. Männer- und Frauenmode unterscheiden sich wieder viel stärker.

Wäscheoptik

In der Mode kommt vieles immer wieder; seit der Antike ist das unter der Brust geschnürte Kleid oder Oberteil ein Renner: Empirekleider und Babydoll-Shirts sind auch 2004 wieder angesagt. Lingerie-Look wird das genannt, also Wäschemode. Denn manche Oberteile sehen aus wie Nachthemden.

2000 **2001** **2002** **2003** **2004** **2005**

Böse Buben

Noch gilt: Hauptsache bauchfrei. Mit den tief sitzenden Baggy- und Cargohosen, kombiniert mit kurzen Tops, ist das möglich. Es beginnt das große Jahrzehnt des Körperschmucks. Piercings oder Tattoos werden in. Im Job wird ein Tweedkostüm à la Coco Chanel getragen, aber mit ausgefransten Kanten und Nähten. Die Freizeitmode wird unisex, was so viel heißt wie: Mädels und Jungs tragen dasselbe.

Weltmode

Alles, was flattert, ist gut. Bänder, Zipfel, Indienstoffe und Ethnomuster werden in. Zu diesem Freizeit- und Weltlook passen Flipflops.

Der Mix macht's

Der Stilmix ist der Stil der Zeit. Grunge & Romantik, klassisch & sexy, Indien-Look & Anzug, teuer & billig, Seide & Jeans. Es ist das Jahr der Experimente.

Storchenbeine

Leggings werden wieder modern. Dazu Longshirts, übergroße Pullover, Tuniken oder lange Blusen. Parallel dazu werden die Jeans immer schmaler.

Weißwäsche

Weiß ist die Farbe des Jahres – alles soll leicht aussehen. Die Silhouette der Mädchen wird zierlich und durch die hellen Farben fast durchsichtig; außerdem sind Ballerinas die angesagten Schuhe. Als Kontrast werden übergroße XXL-Taschen modern.

Fluffig & streng

Hippie-Look und Indienmuster wechseln sich mit Sportswear und eleganten Sachen ab. In der Männermode werden enge, dunkle Anzüge modern, die Hosenbeine sind supereng und kurz. Rosa und geblümte Hemden heben die Strenge auf.

2006   **2007**   **2008**   **2009**   **2010**   **2011**

Jetzt

... wird's sportlich: Hoodies, also Kapuzenpullis, bedruckte T-Shirts, Baseballkappen, Sonnenbrillen sind das Markenzeichen der Freizeitgesellschaft. Alles soll aussehen, als ob immer Ferien wären. Dazu passt gut der Used-Look, abgeranzte Jeans mit vielen Löchern.

Edel, edel

Die Mode wird wieder eleganter, teure und edle Materialien sind in. Die Schuhe werden hoch, Stiefel sind ein Muss.

Jung = alt, alt = jung

Mustermix allerorten. Ob von den Haute-Couture-Designern oder Modelabels wie H&M, die sich regelmäßig von großen Designern Kollektionen entwerfen lassen – alle setzen auf eine lässige Eleganz. Bedruckte Kleider, Seide mit Spitze, fließende Formen, kombiniert mit Lagenlook. In der Jugendkultur wird auch über den Kleidungsstil die Zugehörigkeit zu einer Gruppe sichtbar gemacht. Hipster (Baumwollbeutel, Printshirt, Röhre), Rapper (alles ein bisschen groß und hängend), Preppies (amerikanischer Ostküstenlook), Gothic, Grunge und Metal (alles schwarz). Und natürlich Mischformen aus allem. Die Mode von Erwachsenen und Jugendlichen unterscheidet sich immer weniger.

Grüne Mode

I st Ökomode grün? Manchmal schon, aber der Begriff »grün« bezieht sich eigentlich auf etwas anderes. Gemeint ist ein »grünes Bewusstsein«, das die Natur respektiert, sich dafür einsetzt, dass Stoffe und Kleider unter menschenwürdigen Bedingungen hergestellt werden und sich der Energieaufwand in Grenzen hält. Denn was man bei aller Liebe zu schönen Kleidern nicht vergessen darf, ist, dass sie oft unter schlimmen Bedingungen hergestellt werden. Aber es gibt heute jede Menge Möglichkeiten, superschick und ökologisch korrekt gekleidet zu sein. Immer mehr Designer experimentieren mit ökologisch sauberen Materialien und entwerfen grüne Mode. Seit einigen Jahren bekennen sich auch große Designer zum Ökoschick und auf der Berliner Fashion Week, einer Modewoche, die junge, ausgeflippte und sehr zukunftsweisende Mode zeigt, gibt es jetzt immer auch Green-Shows.

Fairer Handel

Häufig wird Mode in der sogenannten Dritten Welt produziert. Dort gibt es oft unmenschliche Arbeitsbedingungen und kaum Lohn. Auch Kinderarbeit ist dort verbreitet. Manche Modefirmen achten sehr sorgfältig darauf, dass ihre Kleider nicht unter solchen Umständen genäht, gefärbt oder bearbeitet werden. Als 2012 beim Einsturz einer Textilfabrik in Bangladesch mehr als 1 000 Menschen starben, verpflichteten sich viele große Modeketten, für bessere Arbeitsbedingungen zu sorgen.

Ökobilanz

Je umweltschädlicher die Herstellung eines Kleidungsstücks ist, desto schlechter fällt seine Ökobilanz aus. Umrundet ein Kleidungsstück auf dem Weg zu seinem Bestimmungsort womöglich die halbe Welt, dann hat es sehr viel Treibstoff verbraucht. Dieser wird aus Erdöl gewonnen und das gibt es nicht unbegrenzt. Deshalb sollte man darauf achten, wo ein Kleidungsstück hergestellt wurde. Das steht in jedem neu gekauften drin: zum Beispiel Bangladesch, China oder Indonesien.
Eine Stonewashed Jeans, also eine Jeans, die beim Kauf wie hundertmal getragen aussieht, hat eine ziemlich katastrophale Ökobilanz. Damit eine Hose so shabby aussieht, muss sie nämlich viele Male gewaschen werden. Außerdem werden Sandstrahler und Bleichmittel eingesetzt. Das alles ist energieaufwendig und chemisch höchst bedenklich.

Tauschbörsen und secondhand

Meist kaufen wir neue Kleidung, nicht weil die »alte« aufgetragen ist, sondern um Abwechslung in unseren Kleiderschrank zu bringen. Damit die aussortierten Klamotten nicht auf dem Müll landen, kann man sie auf Tauschbörsen tauschen. Eine umweltfreundliche Alternative zum Neukauf, denn so muss weniger neue Kleidung hergestellt werden! Schon lange gibt es Secondhandläden (»second hand« = aus zweiter Hand). Auch dort findet getragene Ware neue Besitzer.

Intelligente Stoffe

Stoffe, die einen Sonnenbrand verhindern oder sogar Flammen trotzen? Stoffe, die Diabetikern, Allergikern oder Herzpatienten helfen, weil sie Stoffwechsel und Herzfrequenz prüfen? Das sind keine Ideen aus einem Science-Fiction-Roman, sondern Wirklichkeit. Smart Textiles werden die intelligenten Stoffe genannt, an denen zurzeit fieberhaft geforscht wird. Einen davon kennst du sicher schon seit Langem: Gore-Tex. Daraus werden Funktionskleidung und Schuhe gemacht. Sein Vorteil ist: Es lässt keine Nässe durch, aber Dampf schon. Regen prallt also ab, aber man schwitzt nicht.

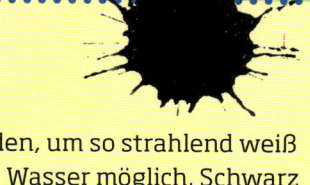

Warum ist Ökomode selten schwarz oder weiß?

Weiße Kleidung muss oft gebleicht werden, um so strahlend weiß zu sein – das ist nur mit viel Chemie und Wasser möglich. Schwarz zu färben ist ebenfalls ein sehr aggressiver Vorgang, der nicht umweltverträglich ist.

Mode aus Flaschen

Bestimmt kennt jeder von uns Fleecejacken? Das sind die flauschigen Dinger, die superschnell trocknen, auch für Allergiker geeignet sind und außerdem schön wärmen. Diese Alleskönner werden aus wiederaufbereiteten Plastikflaschen gemacht. Einziger Nachteil: Sie gehen schnell in Flammen auf!

Biobaumwolle

Beim Anbau von Baumwolle werden oft Kunstdünger und Pflanzenschutzmittel eingesetzt, damit die empfindlichen Pflänzchen gedeihen. Das ist schlecht für den Boden und das Grundwasser. Bei Biobaumwolle wird darauf geachtet, dass all das nicht passiert. Klar, dass sie etwas teurer ist, denn der Anbau ist ein wenig aufwendiger. Aber für ein sauber produziertes T-Shirt kann man schon mal mehr ausgeben!

Tütenmode ist sogar regenfest!

 ## Schon gewusst?

Grundsätzlich braucht Baumwolle enorm viel Wasser zum Gedeihen. Das heißt, Felder müssen immer künstlich bewässert werden. Das ist in vielen Ländern eine sehr kostspielige Angelegenheit. Flachs und Hanf sind leichter anzubauen und eine schicke und gesunde Alternative zu Baumwolle.

Wer oder was ist die Modewelt?

Jung-Bloggerin Tavi Gevinson

Wie erfahren wir denn eigentlich, was gerade Mode ist?

Zu den exklusiven Laufstegvorführungen haben ja nur wenige Zugang. Man kann aber sicher sein, dass ganze Heerscharen von Journalisten, sogenannte Modekritiker, im Publikum sitzen. Und dann natürlich Einkäufer großer Modehäuser, die die abgespeckte Variante der Modellkleider, die Prêt-à-porter-Mode, in ihren Läden verkaufen werden. Und Celebrities, also Berühmtheiten aus Adel, Film und Showbiz, die später die Modelle tragen werden. Nicht zu vergessen eine völlig neue Gruppe von »Modeflüsterern«: die Mode-Blogger, die ihren Stil und ihren Einfluss über das Internet verbreiten. Eine davon ist Tavi Gevinson; sie war bei Beginn ihres Blogs elf Jahre alt und sitzt heute in der ersten Reihe bei den Schauen – so gefragt ist ihre Meinung. Eine kleine Gruppe bilden auch die Fashion Victims, die Modeopfer, die auf keinen Fall das Falsche anhaben wollen und dafür viel Geld ausgeben. Eine noch kleinere Gruppe sind all jene, die sich die Haute Couture auch leisten können. Das sind nur etwa 200 Menschen auf der Welt.

Fashion World

Als Charles Frederick Worth die Haute Couture eingeführt hatte und sich nun wohlhabende Frauen nach Modellen individuelle Kleider machen lassen konnten, setzte er einen Rhythmus in Gang, der bis heute gilt: alle sechs Monate ein neuer Trend. Da es aber mittlerweile so viele Stile nebeneinander gibt und sich wirklich niemand zweimal im Jahr neu einkleiden möchte und kann, sind diese Kollektionen, die auf den Modeshows in Paris, Mailand, London, New York und auch Berlin gezeigt werden, eher Trendberichte. So richtig Eins-zu-eins daran halten tut sich niemand, aber man kann sicher sein, dass nach einer guten Show die Designer bei H&M, Mango und Zara fleißig ihre Nähmaschinen rattern lassen, um die Trends in tragbare und vor allem bezahlbare Modelle umschneidern zu lassen. Und das zwölf Mal im Jahr – so oft werden mittlerweile Kollektionen in die Ladenketten gebracht. Dass dies oft auf dem Rücken armer Näherinnen in der sogenannten Dritten Welt passiert, darf man beim Kauf nicht vergessen. Billige Massenmode wird in vielen Fällen nicht unter menschenwürdigen Umständen hergestellt.

Modekritiker

Die wichtigste Frau im Modebusiness ist Anna Wintour von der amerikanischen »Vogue«. Mit dem Film »Der Teufel trägt Prada« ist die strenge, aber sehr stilsichere Chefredakteurin auf den Arm genommen

Viele Modelabels verdienen das meiste Geld mit Parfüm!

Anna Wintour

mit Donatella Versace – zwei Schwergewichte in der Modewelt.

worden. Sie ist mittlerweile über 60, immer tadellos gekleidet und von allen Designern gefürchtet oder geliebt, je nachdem »ob sie den Daumen senkt oder hebt«, also etwas gut findet oder eben nicht. Die zweite Modepäpstin ist Suzy Menkes von der Londoner Zeitung »International Herald Tribune«. Sie schreibt über Mode bissig und hoch unterhaltsam. Selbst ist sie allerdings wenig fashionable, also wenig modisch.

Modezeitschriften

Die »Vogue« ist weltweit die einflussreichste Zeitschrift am Modehimmel. Sie wurde 1892 gegründet und erscheint international in verschiedenen Ausgaben, weil sich der Geschmack von Land zu Land sehr unterscheidet. Für ein Label ist es eine Ehre, in diesem Magazin erwähnt zu werden. Manchmal muss aber auch ein Unternehmen mit einer teuer bezahlten Anzeige nachhelfen. Umsonst ist eben nichts.

Modeshows

Bis zu einer Million Euro kann eine Haute-Couture-Show kosten. Wer soll das bezahlen? Die großen Modehäuser leisten sich das, denn diese Veranstaltungen tragen zur Exklusivität ihrer Modelle bei. Dass dann ein Kleid 100 000 Euro kostet, kann man verstehen, oder? Das große Geld wird aber damit gemacht, dass alle großen Modehäuser auch noch eine tragbare Kollektion für »die Frau auf der Straße« herausbringen. Und das allermeiste Geld machen fast alle Modehäuser mit einem sehr vergänglichen Stoff: Parfüm!

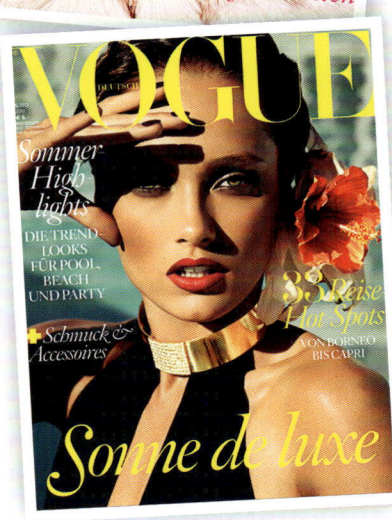

Durch Magazine erfährt die Welt, was modisch gerade läuft.

Mode im richtigen Licht

Da die wenigsten Menschen eine Modenschau in Paris besuchen, sind gute Aufnahmen der Kleider umso wichtiger. Manche Modefotografen sind wahre Künstler, denn sie müssen Kleider interessant aussehen lassen. Model, Hintergrund, Licht und Styling spielen dabei eine große Rolle.

Modefotografie

Die ersten Modemagazine wie »Harpers Bazar« und »Vogue« veröffentlichten bereits Anfang des 20. Jahrhunderts Modefotografien. Je besser und mobiler die Fotoausrüstung wurde, desto experimenteller wurden auch die Aufnahmen, denn Fotoapparate waren damals noch echte Brummer. In den 1920er- und 1930er-Jahren wurde die Modefotografie zur Kunstform und die Kleider dabei fast zur Nebensache. Einen richtigen Boom, also Erfolg, verzeichnete die Kunstform in den 1980ern, als Werbe-

agenturen Einfluss auf die Modefotografie nahmen. Es begann die Zeit der Supermodels wie Claudia Schiffer, Christy Turlington, Linda Evangelista und Naomi Campbell. Diese Models wurden durch ihre Arbeit schwerreich, denn sie wurden viel gebucht: sowohl für Magazine und Kataloge als auch für Haute-Couture-Schauen. Sie waren selbst Mode-Ikonen und Aushängeschilder für Modehäuser.

Agenten und Models

Jedes Model hat eine Setkarte. Das ist ein Buch, in dem die Körpermaße, die Haarfarbe und -länge festgehalten sind sowie die Schuhgröße – zusätzlich natürlich besonders schöne Aufnahmen, die zeigen, wie wandelbar ein Model ist. Diese Setkarten haben dann auch die Modelagenturen, von denen die Models an die Auftraggeber vermittelt werden. Das sind meist Werbeagenturen oder Magazine. Auch die Fotografen werden gebucht. Am Set, also am Ort der Aufnahme, treffen dann alle aufeinander, das ist oft ein ganz schön großes Team.

Das Team

An einem Set stehen Scheinwerfer herum, Folien zum Verändern des Lichts sowie Windmaschinen, um Schwung in die Haare zu bekommen. Vorher haben sich allerdings Stylisten viele Gedanken zum Aussehen der Haare und zum Make-up gemacht. Andere kümmern sich um die Accessoires wie Schuhe und Dekoration. Jeder Handgriff muss da sitzen; deshalb werden bei Modefotos nicht nur der Fotograf, sondern auch alle Beteiligten genannt, die dafür gesorgt haben, dass die Aufnahme perfekt ist. Denn Fotos lassen nicht nur Körper fülliger erscheinen – auch Falten und Fussel fallen viel mehr auf als in Echt.

Die Werkzeugtasche eines Stylisten sieht aus wie bei einem Kunstmaler. Für jede noch so feine Linie gibt es einen Spezialpinsel.

Wie gut, dass man auf Fotos nicht sieht, wie die Bilder entstehen. So ein Durcheinander …

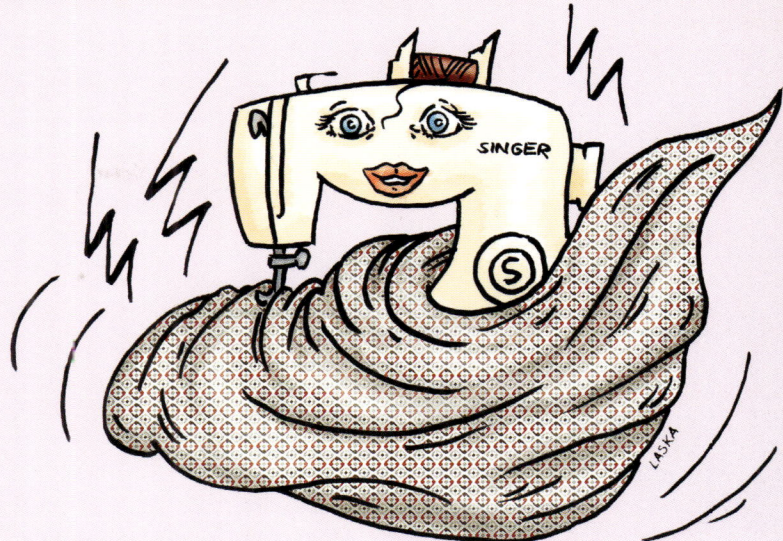

Magerwahn

Israel ist das erste Land, das Magermodels verbietet. Seit das Model Isabel Caro in einer Benetton-Kampagne auf ihre Magersucht aufmerksam gemacht hat und bald darauf gestorben ist, sind Auftraggeber, die solche Models buchen, in Verruf gekommen. Der Diät-Irrsinn in der Modewelt wird mit dafür verantwortlich gemacht, dass weltweit so viele junge Menschen an Essstörungen leiden.

Wissenswertes

Warum haben Fotografen immer schwarze Klamotten an? Weil schwarze Kleider am wenigsten den Belichtungsmesser beeinflussen, den Fotografen immer benutzen, um ihre Fotoapparate auf das richtige Licht einzustellen. Schwarz saugt im übertragenen Sinne alles Licht auf und spiegelt es nicht wider. In Fotostudios ist es meist dunkel; nur das, was fotografiert wird, wird beleuchtet.
Mithilfe einer Hohlkehle kann man gut Aufnahmen machen, die aussehen, als gäbe es nur das Model ohne Hintergrund. Solche Bilder nennt man Freisteller. Die einfachste Hohlkehle ist eine Badewanne; in ihr kann auch ein Hobbyfotograf Freistelleraufnahmen machen.

Name: Else Singer
Alter: 5 oder 6 Jahre
Hobbys: Fäden schlucken

Liebe Nähmaschine, würden Sie sich als fleißig bezeichnen?

Klaro, als Nähmaschine führt man ein ganz schön hektisches Leben. Man schafft fünfmal mehr als eine geübte Näherin; die bringt es nur auf 50 Stiche in der Minute.

Wer kommt denn auf so was?

Na, man muss schon ziemlich verrückt sein. Irgendwelche Typen haben schon 1790 eine Nähmaschine aus Holz hergestellt, die war aber nur für Schuhe. Um 1846 hat dann der US-Amerikaner Elias Howe meinen Vorläufer erfunden: eine Nähmaschine, die man in Serie herstellen kann. Doch der arme Teufel wurde sein Patent nicht los, verarmte fast. Bis zu dem Zeitpunkt, als ein anderer damit erfolgreich wurde. Von dem bekam dann Howe ein Leben lang 4 000 Dollar pro Woche Patentgebühr.

Und heute?

Ein Drama: Früher standen meine Vorfahren in jedem Haushalt, heute verstauben sie im Museum. Die meisten Menschen können ja nicht mal mehr nähen. In Deutschland werden wir gar nicht mehr produziert, wir kommen alle aus Fernost. Dafür können wir vom Knopflochsticken bis zum Zierstich alles. Vollautomatisch mit Bordcomputer.

Was würden Sie raten?

Traut euch an uns ran! Auch wenn wir manchmal piksen, kann man eine Menge Spaß mit uns haben.

Glossar

Von Lederlappen bis zum gestickten Seidenschuh war es ein langer Weg in der Modegeschichte.

Allongeperücke: Ziemlich füllige Perücke, meist weiß gepudert. Man trug sie im Rokoko.

Alta Moda: Das italienische Gegenstück zur Haute Couture, 1951 gegründet.

Baggypants: Weite Hosen, die tief auf den Hüften sitzen. Entstanden 1995 in amerikanischen Elendsvierteln, wo die Jugendlichen aus Sympathie für Gefängnisinsassen die Gürtel wegließen, die im Knast verboten waren.

Beinlinge: Eine Art Leggings und im Mittelalter ziemlich modisch bei Herren, gerne auch zweifarbig.

Camouflage ist der Tarnlook bei Uniformen.

Casaquin: Ein Kurzmantel oder -kleid, das ab dem 16./17. Jh. von beiden Geschlechtern getragen wurde.

Catwalk: Der Laufsteg bei Modeschauen.

Chemisenkleider: Hauchdünne, gerade geschnittene Hemdkleider des Empire. Sie wirkten ein wenig wie die Kleider der griechischen und römischen Antike.

Chiton: Ein Hemdgewand, meist aus Pflanzenfasern und Hauptstück der antiken griechischen Mode.

Cotte: Im Mittelalter hemdartiges Obergewand aus Wollstoff, vor allem für Frauen.

Empire-Stil: Moderichtung in der Zeit Ende des 18. und Anfang des 19. Jh., vor allem in Frankreich.

Fashion Victims: Der englische Ausdruck für Modeopfer. Das sind Menschen, die blind jedem Modetrend folgen.

Gänsebauch: Eine Weste, auch Wams genannt, die an den Brustpanzer von Ritterrüstungen erinnerte, jedoch aus festem Stoff und festem Futter bestand. Sehr modern in ganz Europa im 16. Jh.

Gugel: Eine Art Schlupfmütze des Mittelalters, gerne mit langem Zipfel und Hemdkragen.

Haute Couture: Die Hohe Schneiderkunst, handgefertigte Einzelstücke berühmter Schneider. Wird seit 1922 von der Chambre Syndicale de la Couture Parisienne streng überwacht.

Houppelande: Weiter Mantel, der im Mittelalter und der Renaissance in der französischen und italienischen Mode sehr beliebt war.

Kontusche: Eine Art Umhang oder Oberkleid der vornehmen Damen des 18. Jahrhunderts.

Label: Anderer Ausdruck für Modemarke. Es kann damit aber auch das Zeichen einer Firma gemeint sein, das, aus Stoff gefertigt, auf oder in Kleider genäht wird.

Mousseline: Sehr dünner, glatter Wollstoff, der bereits in der Antike bekannt war und seine Blütezeit im 19. Jh. hatte.

Muff: Zylinderartiges Stoff- oder Fellteil, das an einer Schnur um den Hals getragen zum Händewärmen diente.

Palla: Rechteckiges Tuch, das von Römerinnen als Mantel oder Stola oder auch über dem Kopf getragen wurde.

Prêt-à-porter: Designermode, die in kleineren Auflagen und kleinen Lizenzen in Nobelkaufhäusern und -läden verkauft wird.

Reifrock: Unterrock, der aus einem Gestell aus Holz-, Draht- oder Fischbeinreifen besteht.

Rheingrafenhosen: Rockhose des Mannes im 17. Jh., seitlich mit Schleifen besetzt.

Schecke: Körperbetonte Jacke der Männer um 1400.

Schneppe: Kleideroberteil, das spitz zulaufend bis auf Schoßhöhe in den Rock hineinreichte.

Suckenie: Ein Wollobergewand für Mann und Frau im Mittelalter.

Tournüre: Jener Reifrock, der im 19. Jh. die Entenpopo-Mode erzeugte.

Tunika: Hemdgewand der Römer.

unisex: Englisch für „beide Geschlechter".

Vintage: Gebraucht, benutzt, antik.

Walken: Jener Prozess beim Filzen, der dem vorgefilzten Gewebe seine Festigkeit gibt.

Zatteltracht: Zipfelmode im späten Mittelalter.

Band 132

Bildquellennachweis: Alexi Lubomirski für die deutsche VOGUE: 45or (Model Toni Garrn), 45mr (Model Toni Garrn), 45ur (Model Karmen Pedaru), Archäologisches Institut der Universität Göttingen: 8/9um, bildbasis.de: 2ul, 10l, 10ur, bpk-images: 2um (British Library Board/Robana), 6u, 14ur (British Library Board/Robana), 15ol (British Library Board/Robana), 17or (RMN - Grand Palais/Y. Martin), 18ml (The Metropolitan Museum of Art), 48or (RMN - Grand Palais/Y. Martin), CDC/James Cathany: 6ol, Corbis Images: 20om (Camerique/ClassicStock), 23ur (Blue Lantern Studio), 29mr (Bettmann), 36l (P. Vauthey/Sygma), Daisy Ricks - www.themandarinegirl.com: 41ol, 41m (2), Fotolia Bildagentur: 37um (G. Sermek), Gasparyan, Dr. Boris/Institute of Archaeology and Ethnography, National Academy of Sciences: 5m, Getty Images 1 (Slim Aarons), 3r (LE TELLIER Philippe), 12om (Woody Allen – CBS Photo Archive), 19ol (S. Sexton), 20um (Gamma), 21mm (Chicago History Museum), 21ul (Loomis Dean), 23ol (Hulton Archive), 24um (Chicago History Museum), 24ml (Hulton Archive), 25ur (Lipnitzki), 25ol (Keystone Features), 25mr (Gamma-Rapho), 26ml (Jim Heimann Collection), 26um (Daily Herald Archive), 27ol (B. Thomas/Popperfoto), 29om (Dior - Hulton Archive), 30ur (Westwood Model, weiß – PIERRE VERDY), 30ul (YSL Model - GERARD JULIEN), 30ml (YSL - NBC), 30ml (C. Klein - Joan Adlen Photography), 30mm (R. Lauren - D. Halstead), 30mr (V. Westwood - T. O'Neill), 30ul (C. Klein Model - Catwalking), 30um (R. Lauren Model - K. Prouse/Catwalking), 30 (Hg. - Veejay Villafranca), 31or (Hepburn - Paramount Pictures), 31um (F. Micelotta), 32mr (H. Langdon), 32or (Gems), 32om (V. Turbett), 32ul (Roger Viollet Collection), 32ur (A. Longeaud), 33um (LE TELLIER Philippe), 34ol (LE TELLIER Philippe), 34ml (Popperfoto), 35o (J. Kay), 35ur (V. Turbett), 37or (J. Beckman), 37ol (D. O'Regan), 41ul (Adam Katz Sinding), 41um (K. Sinclair), 42om (AFP), 45om (M. Marsland), Han Le and Reinaldo Irizarry: 41ur, interfoto / amw: 2r, 20l, iStock Photo: 13um (Lukasok), 46um (Yuri_Arcurs), 46um (Ferran Traite Soler), 47ol (alvarez), Levi's®: 34ur, Libor Balák/Antropark: 5o, ModeMuseum Antwerpen: 13or (Fächer), Münchner Stadtmuseum: 33or, 35mr, Museum Wasserburg Egeln: 7ol, Picture Alliance: 7ul (R. Schupple/dieKLEINERT.de), 12or (PA J. Stillwell), 12om (Johnny Depp - M. Taga), 30ur (Westwood Model, gelb - J. Brady), 31om (Photoshot), 31or (Lagerfeld - S. Stache), 37ml (Schuhe - Eventpress Herrmann), 39mr (Agence Zeppelin), 40ur (C. Moitessier/ABACAPRESS.COM), 43ur (C. Charisius), 44ul (H. Rintzler), picture-desk: 13ol (Kharbine-Tapabor/The Art Archive), 20or (MGM/THE KOBAL COLLECTION), 20ur (Kharbine-Tapabor/The Art Archive), 21o (The Art Archive/Amoret Tanner Collection), 23mr (Dagli Orti (A)/The Art Archive), 33mr (Warner Bros/The Kobal Collection), Pymca: 36mr (M. Vallee), 37mm (E. Adebari/Rex Features), Reggio Emilia/Archivio fotografico Musei Civici: 11um, Roberto Fortuna/Kira Ursem, Nationalmuseet/The National museum of Denmark: 5or, Shutterstock Images: 6mr (Yingko), 7 (Hg. - Hayati Kayhan), 7or (R. Kudrin), 7ur (E. Isselée), 8ol (Kamira), 13om (S. Goryachev), 13or (Federboa - Im Perfect Lazybones), 16ol (lynea), 23om (Everett Collection), 24/25 (Hg. - ilolab), 27um (Everett Collection), 40ul (Alexander.Yakovlev), 40or (J. Reese), 40mm (gui jun peng), 40um (Andreas Gradin), 40/41 (Hg. - Roberaten), 41or (B. Bushmin), 42mm (Pokomeda), 42ul (Ilya Shapovalov), 42ur (robert_s), 43mm (Darryl Vest), 43mm (Picsfive), 43or (Velychko), 45ul (Yanush), 46 (Hg. - ollyy), 47r (Roberaten), 47 (Hg. - V. Agapov), Südtiroler Archäologiemuseum/Augustin Ochsenreiter: 4l, The Bridgeman Art Library: 8ml, 9mm (The De Morgan Centre, London), 11or (R. Philp, London), 11mr, 12mm (Kellybag, braun - Private Collection/Christie's Images), 14or (Victoria & Albert Museum, London, UK), 15or (Giraudon), 16ul, 17o (Giraudon), 19om (P. Willi), 19or, 22 (Hg. - Private Collection), 23mr (Private Collection/DaTo Images), 29ur (Private Collection), 29or (Christie's Images), The Kyoto Costume Institute: 18ur, Trunk Archive/ Kevin Tachman: 38or, 38mr, 39um, 39ol, 39mm, 39or, 44om (The Coveteur), Ullstein Bild: 12ol, 21ml, 28 (Hg.), University of Oregon Museum of Natural and Cultural History: 4ur, V&A Images Victoria & Albert Museum, London: 3l, 16mm, 17mr, 29ol (J. French), 29om (Kleid), 32ol (J. French), Vaude Sport GmbH & Co. KG/ Women Purna Jacket: 43mr, Wiki: 9om (Creative Commons/M. Violante), 17ur (PD), www.docmartens.com: 35um, www.zwischenkriegszeit.de: 27or (Charles William Stores), 27ul (Modenschau), Yvette Religioso Iiagan/ Philippines: 12ul

Umschlagfotos: U1: Getty Images (K. Manghi), U4: Picture Alliance (I. Kharitonov).

Illustrationen: Jeschke, Caroline: 38ur, Laska Grafix: 47or

Gestaltung: independent Medien-Design

Copyright © 2013 TESSLOFF VERLAG, Burgschmietstraße 2–4, 90419 Nürnberg

www.tessloff.com

MIX
Papier aus verantwortungsvollen Quellen
FSC www.fsc.org
FSC® C095359

 Der Mensch

 Chemie

 Entdecker und ihre Reisen

 Die Sterne

 Das Mikroskop

 Der Urmensch

 Insekten

 Bäume

 Meereskunde

 Erfindungen

 Polargebiete

 Computer und Roboter

 Mechanik

 Elektronik

 Luft und Wasser

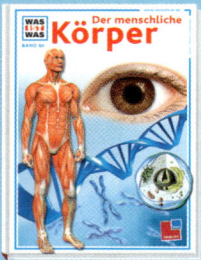 Der menschliche Körper

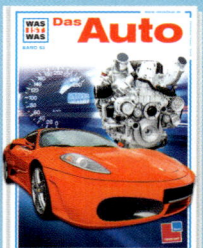 Das Auto

 Die Eisenbahn

 Eiszeiten

 Fossilien

 Piraten

 Heimtiere

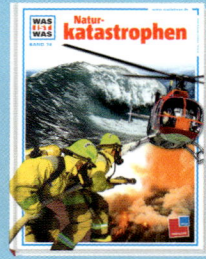 Naturkatastrophen

 Fahnen und Flaggen

 Höhlen

 Mumien

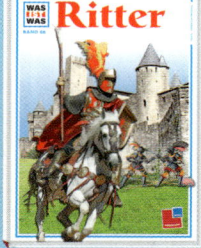 Ritter

 Brücken und Tunnel

 Zauberer, Hexen und Magie

 Kriminalistik

 Bären

 Bauernhof

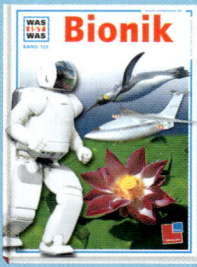 Bionik

 Bergbau Schätze der Erde

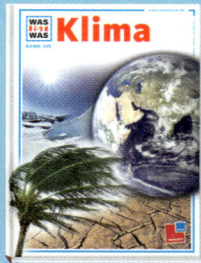 Klima

 Deutschland